UWE WOLFF

Geschenke des Meeres

UWE WOLFF

Geschenke des Meeres

Von Muscheln, Möwen, Meerjungfrauen

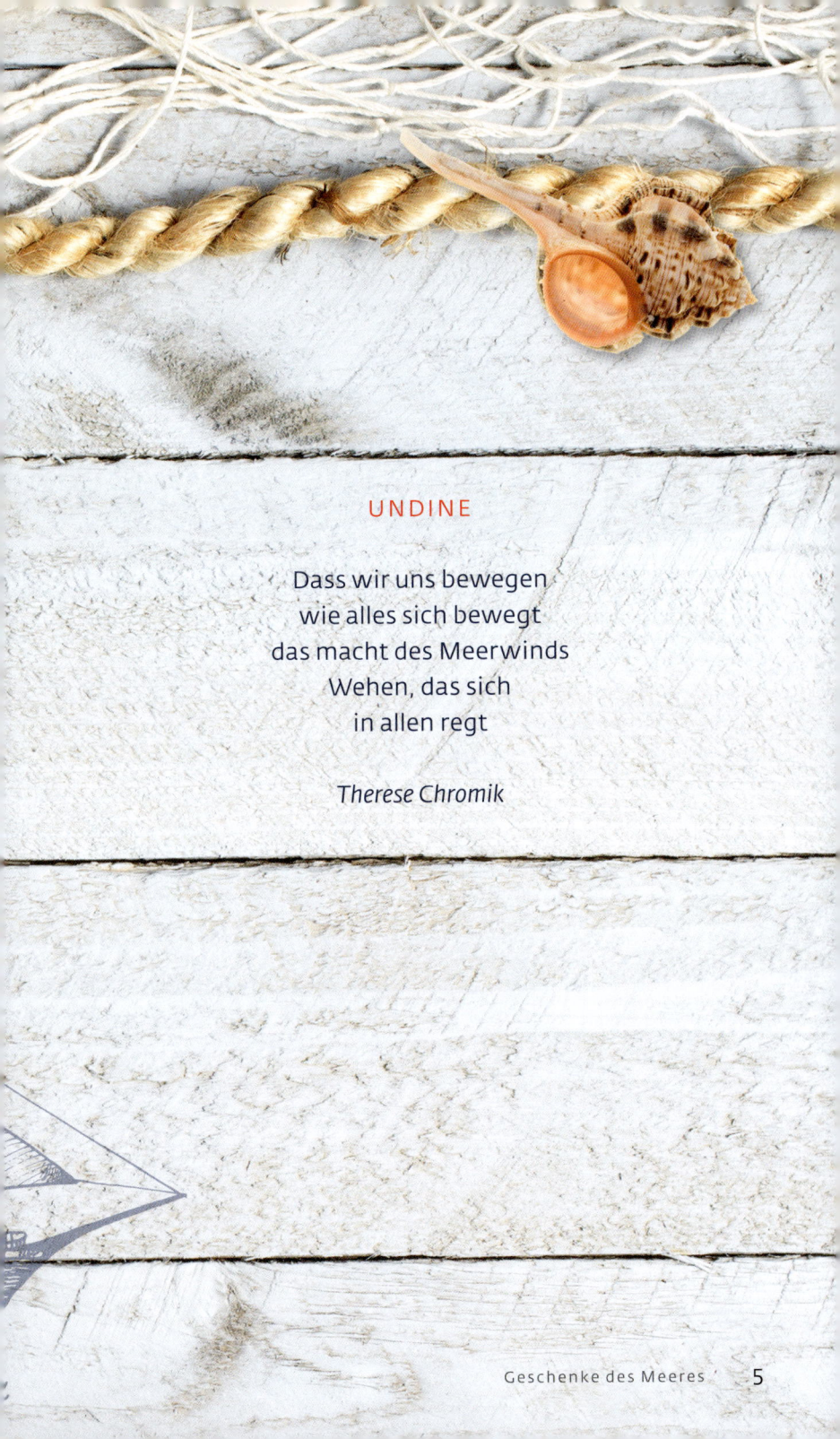

UNDINE

Dass wir uns bewegen
wie alles sich bewegt
das macht des Meerwinds
Wehen, das sich
in allen regt

Therese Chromik

INHALTSVERZEICHNIS

café Hygge

ENDLICH WIEDER DURCHATMEN!

»Weit draußen im Meere
ist das Wasser so blau
wie die Blütenblätter
der schönsten Kornblume.«

Hans Christian Andersen
Die kleine Meerjungfrau

Endlich wieder am Meer! Muscheln, Möwen, Meerjungfrauen: Es ist einfach herrlich, unter offenem Himmel im Garten des kleinen Cafés zu sitzen. In der Vase stehen Blumen und Gräser der Feldraine. Meine Kleidung ist leicht. Arme, Beine und Gesicht haben schon die frische Farbe der See bekommen. Ich schaue auf das Meer. Frei ist der Horizont. Ein Schwarm Möwen verliert sich in der Weite. Ich atme durch.

Undine kommt und schreibt mit blauer Kreide das aktuelle Angebot auf eine alte Schultafel. Hier an der Steilküste mit dem roten Leuchtturm gibt es einfache Kost. Ich mag Muscheln in Basilikumsoße, garniert mit Kirschtomaten und als Beilage Knoblauchbrot, dazu ein Glas gekühlten Muscadet. Noch köstlicher ist Undines marinierter Hering mit Naturjoghurt und Pellkartoffeln.

Nach dem Mahl döse ich gemütlich in einem Liegestuhl. Jetzt den salzigen Duft des Meeres einatmen und mit den Augen über die Wellen gleiten: *La Mer*, die große Mutter des Lebens. In der Ferne zieht ein weißes Schiff vorbei. Am Strand tummeln sich kleine Mädchen in den Wellen. Sie spielen mit einer Meerjungfrau und einem Seepferdchen. Die Jungen bauen Sandburgen und verzieren sie mit Muscheln.

Entspannung. Später eine Wanderung am Meer. Sanft umspielen die letzten Ausläufer der Brandung meine Füße. Endlich wieder am Meer! Mit der Armbanduhr habe ich alles abgelegt, was mir den Blick auf das Wesentliche verstellt. Ich habe keine Termine und Verpflichtungen mehr. Niemand treibt mich. Niemand erwartet etwas von mir. Vor lauter Ruhe werde ich unruhig.

Langsam erlerne ich die Kunst des Müßigganges. Ich möchte offen werden für das einfache Leben und das Glück der kleinen Dinge: Geschenke des Meeres, Muscheln am Strand. Ich hebe sie auf. Ich betrachte sie und staune: Wie wunderbar und vielfältig sind ihre Formen. Keine gleicht der anderen! Während ich mich nach weiteren Muscheln bücke, öffnet sich das Meer meiner Seele. Das Kind in mir erwacht. Erinnerungen an erste Ferien auf Wangerooge und Borkum steigen auf, Bilder von der Kurischen Nehrung, wo unsere Mutter die Sommer ihrer Kindheit verbrachte. Dann sehe ich den Vater. An vielen Stränden der Welt sammelte er Sand. Gelben Sand, roten Sand, schwarzen Sand – welch eine Fülle von Farben!

Sand ist das Symbol der verrinnenden Zeit. »Auch ich bin älter geworden«, durchfährt es mich. »Wie viel Zeit auf Erden ist mir geschenkt worden?« Ich denke den Gedanken und gebe ihn wieder frei. Wie die Welle in den Ozean, so fließt er in das Meer der Seele zurück. Schon steigen andere Bilder in mir auf. Die Mutter besaß eine kleine Eieruhr, durch deren Glas ein weißer Silbersand rieselte und die Minuten anzeigte. Mit Sand wird auch der Zement angerührt, der Steine zu Mauern zusammenfügt. Die Muschel besteht aus Kalk. Sie kann als Baustoff genutzt werden.

Geheimnisvoll wie die Muschel ist die Seele. Was wissen wir schon über unsere Eltern? Wir kennen nicht einmal uns selbst.

Muscheln kreuzen plötzlich unseren Weg. Das Meer des Lebens schenkt sie uns. Wir können sie übersehen, bewusst über sie hinwegschreiten, sie unachtsam verletzen oder uns bücken und sie aufheben. Wie die Liebe, so ist auch die Muschel ein Geschenk. Muscheln und Menschen brauchen Zuwendung. So geht der Muschelsammler achtsam vor der Muschel in die Knie. Nicht er hat sie, sie hat ihn gefunden. Sie trat in sein Leben, doch er hob sie auf.

Beim Muschelsammeln stellen sich die wesentlichen Fragen des Lebens ein. Wie die Muschel aus der Tiefe des Meeres, so steigen sie aus der Seele empor. Ich will ihnen nachspüren, denn sie gehören zu meinem inneren Reichtum.

»Lehre mich die Kunst des Müßiggangs!«, bitte ich Undine. Sie überreicht mir ein Geschenk des Meeres. Geschenke des Meeres – so nennt sie ihre kleinen Gedichte:

Muscheln sammeln,
müßig gehen am Strand:
Nichts suchen,
nichts mehr im Sinn haben,
ruhig werden,
endlich Durchatmen und Auftanken,
den Alltag vergessen,
sich von einer frischen Brise
neue Inspirationen schenken lassen,
den Möwen zuschauen und
die Flügel der Seele ausbreiten,
eine Muschel in die Tasche stecken und
sie mit nach Hause nehmen,
das Geschenk des Meeres in den Alltag holen.

Tante Marthas Wundermuschel

GEBORGENHEIT

»Ich aber lag geborgen an dem Hang
Der weißen Düne. In den Sand gekrallt
So wie ein Kätzchen liegt im warmen Schoß.
Und wohlig blinzelnd und gedankenlos
Spürt ich, sie wacht,-
Heilig, vertraut, uralt.«

Agnes Miegel
Cranz

Jeder Mensch trägt in sich einen Schatz von Erinnerungen: Geräusche, Gerüche, Gefühle, Gedanken. Diese Schätze sind in uns verborgen wie die bunte Blume zwischen den geschlossenen Schalen der Wundermuschel. Sie gehören zu unserem inneren Reichtum. In den Stürmen des Lebens vergessen wir manchmal, wie wunderbar unser Leben doch ist.

Muscheln gehören zu meinen frühesten Erinnerungsbildern. Ich denke an wunderbare Ferien am Meer, Geborgenheit, Schutz, Wärme und Liebe. Einmal bekam ich eine Wundermuschel geschenkt. Ihre Schalen waren mit einem Papierstreifen umschlossen. Ich warf die Muschel in ein Glas mit Wasser und wartete. Nach einer

Weile war der Papierstreifen durchgeweicht. Die Muschel öffnete ihre Schalen, und aus ihrer Mitte entfaltete sich eine farbenprächtige Blume, wuchs über sich hinaus und füllte bald das Glas.

Weit liegen die Tage der Kindheit zurück und sind doch so nah! Wenn ich an Tante Martha denke, steigt in mir das Bild der Wundermuschel empor. Tante Martha mochte damals sechzig Jahre alt gewesen sein. Nach Kinderart hielt ich sie für sehr alt. Ende des 19. Jahrhunderts war Tante Martha in Schlesien geboren worden. Sie lernte Putzmacherin. So nannte man damals den Hut- und Kleiderschmuck, in dem zuweilen auch Perlen glänzten. Ohne Hut und Ohrringe ist Tante Martha nie auf die Straße gegangen. Wenn in Zimpel zum Tanz aufgespielt wurde, war sie dabei. Mit Hut, einem »Blumenbukettel« am Kleid und zehn Pfennig in der Tasche saß sie im Garten eines Ausflugslokals. Viele Männer hätten sich in sie verliebt und zum Tanz aufgefordert, sagte Tante Martha. Dann strahlten ihre Augen, und sie war wieder eine junge Frau.

Von Tante Martha erzähle ich, weil ich durch sie zum ersten Mal etwas von Vergänglichkeit, Trauer und Schmerz erfuhr. Sie hatte im Krieg alles verloren. In Schlesien besaß sie ein eigenes Haus, jetzt bewohnte sie ein kleines Zimmer. Bei ihrer Flucht in den Westen hatte sie nichts von ihrem Besitz retten können, und doch war sie eine reiche Frau. Jetzt lebte sie aus den frühen Jahren ihrer Kindheit und Jugendzeit vor dem Ersten Weltkrieg. Trauer und Schmerz waren nur eine Seite ihres Herzens. Sie zeigte mir auch jenen unvergänglichen Schatz, der in uns allen verborgen liegt: den inneren Reichtum der Seele.

In jedem Menschen ist eine geheimnisvolle Welt verborgen. »Erinnere dich«, sagt Undine und überreicht mir ein weiteres Geschenk des Meeres:

Du warst ein Kind,
geborgen im Schoß der Familie.
Worte der Liebe umhüllten dich wie Muschelschalen,
Gesang, Geschichten, Gerüche –
du hast sie vergessen
und doch wirken sie
in den tiefsten Schichten deiner Seele weiter
und bilden die wunderbaren Perlen deines Lebens.

Seit Jahren hängt ein Bild in deinem Zimmer.
Du kannst nicht in Worte fassen,
warum du es erworben hast.
Es spricht noch nicht zu dir.
Dann kommt der Moment,
wo du verstehst.

Erinnere dich
und entdecke den inneren Reichtum,
der sich hinter deinen Muschelschalen verbirgt.

Oma Stomberg

SICH SAMMELN

»Der Rhythmus der Brandung
und der Rhythmus meines Atems
stimmen überein,
wenn ich lange genug
aus- und einatme. «

Erwin Strittmatter
Grüner Juni

Die Freude an Farben und Formen ist uns ange-
boren. So verbrachten wir Geschwister die Tage
im Müßiggang, ordneten unsere kleine Muschelsammlung, gestalteten Bilder aus Muscheln oder
verzierten unsere Sandburg mit Muschelschmuck.
Die schönsten Muscheln trugen wir am Abend in
die Pension zu Oma Stomberg. Die Wirtin war einen Kopf größer als ihr Mann und mindestens dop-
pelt so dick. Opa Stomberg hielt stumm die Pfeife
zwischen den Zähnen, wenn Oma Stomberg die
Welt erklärte. Die große Frau trug ein schwarzes
Kopftuch wie Witwe Bolte. Oma Stromberg hatte
eine klare Weltsicht. Wenn sich auf Borkum ein
Fahrradunfall ereignete oder ein Heringsbrötchen
gestohlen wurde, dann waren immer die Auslän-
der schuld. Oma Stomberg unterschied zwischen
Insulanern und Ausländern. Wir gehörten zu ihren Stammgästen und zählten zu den Insulanern.

Deshalb durften wir am Abend das Waschbecken fluten und die Sammlung vom Sand befreien. Dann legten wir die Muscheln zum Trocknen auf das Fensterbrett. Von den feuchten Sommerfreuden vieler Kinder war die Farbe im Laufe der Jahre abgeblättert. Das Fensterbrett sah sehr schön aus, viel abenteuerlicher als die strahlend weiß lackierten Bretter im Elternhaus.

Am Ende der Ferien wurden die schönsten Muscheln ausgesucht, in den Koffer gepackt und nach Hause genommen. Die Namen unserer Muscheln kannten wir nicht. Aber wir spürten die Kraft der inneren Sammlung, die von ihnen ausging.

Noch immer findet mein Herz in der stillen Betrachtung der Muscheln Ruhe: Keine zwei Gehäuse oder Schalen sind gleich. Im Spiegel der Muschel erkenne ich mich selbst: Auch ich bin einmalig. Die Falten in meinem Gesicht, die Linien auf der Innenfläche meiner Hände, die Narben an Leib und Seele.

Mit neuen Muscheln stehe ich vor dem roten Leuchtturm. Das Seefeuer, sagt Undine, wurde im Jahr 1877 errichtet und misst 26 Meter. Sein elektrisches Licht hat eine Tragweite von 16 Seemeilen. Vor vielen Jahren habe ich einmal im Erdkundeunterricht gelernt, wie lang eine Seemeile ist. Ich weiß es nicht mehr und möchte an diesem Tag keinen Nachhilfeunterricht nehmen. Aber die Stufen des Leuchtturms will ich zählen, denn heute bin ich wieder ein Junge, dessen Hosentaschen mit Schätzen des Meeres prall gefüllt sind.

Ich betrete das Innere des roten Leuchtturms. Eine enge eiserne Wendeltreppe führt auf die Plattform empor. Oben angelangt, schaue ich auf die Stufen zurück und entdecke in ihrer Anordnung das Muster einer Spirale. Ich staune und vergesse darüber die Zahl der Stufen.

Wie die Wendeltreppe im Leuchtturm zeigt das Muster meiner Muschel eine Spirale. Die kreisende Bewegung finde ich in meiner Lebensbahn wieder. Seit Kindheitstagen weitet sich die Spirale meines Lebens. Die Verantwortung nimmt zu. Neue Anforderungen, mehr Verpflichtungen, mehr Termine. Ich verströme mich. Die Momente der Sammlung werden seltener. Manchmal habe ich Angst, mich zu verlieren. Wo liegt die Mitte meines Lebens? Wohin bewege ich mich?

Jetzt stehe ich auf dem Leuchtturm und schaue auf das Meer: Wellen brechen sich in ewigem Kommen und Gehen. Alles fließt, alles ist in Bewegung. Ich wende mich um und schaue auf das Land. In der Ferne liegen Hügelgräber aus grauer Vorzeit. Niemand kennt die Namen der Menschen, die hier einst begraben wurden. Wellen der Zeit sind über ihr Schicksal gegangen.

Ich betrachte die Muschel in meiner Hand. Sie ist ein Bild der Sammlung. Die Spirale öffnet sich und führt zur Mitte zurück. Ich möchte werden wie diese Muschel, sage ich zu Undine. Ich will mich der Welt öffnen, ohne mich an sie zu verlieren. Kann man aus sich herausgehen und zugleich bei sich bleiben?

Am späten Abend finde ich auf meinem Kopfkissen einen Zettel.

Geschenk des Meeres:
Gesammelt bleiben.
Die Konzentration auf das Wesentliche wahren.
Aus der Mitte leben.

Den Punkt spüren,
der in dir alles zusammenhält.

Gehe von außen nach innen.
Besinne dich auf das eigene Leben.
Kehre um.

Suche den Anfang neuer Entwicklung.
Geh wieder aus dir heraus
von innen nach außen.

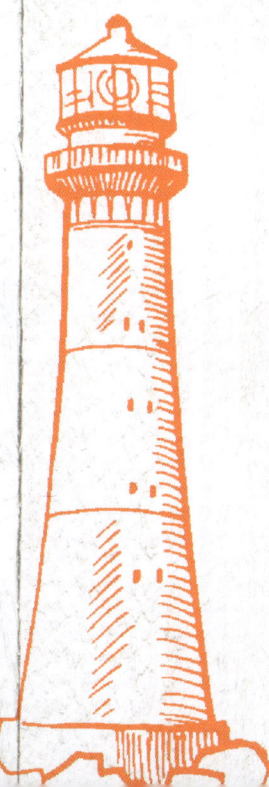

Harte Schale, weicher Kern

DIE NACKTE WAHRHEIT

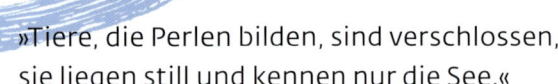

»Tiere, die Perlen bilden, sind verschlossen,
sie liegen still und kennen nur die See.«

Gottfried Benn
Melancholie

Ein Regentag am Strand. Das Meer hat seine Farbe gewechselt. Auf den grauen Wellen tanzen
Schaumkronen. In der Brandungszone liegt, was
Seefahrer achtlos über Bord geworfen haben: Glüh-
birnen und Plastikflaschen, ein Arbeitsschuh mit
Stahlkappe und Elektroschrott. Dazwischen Mu-
schelfelder.

Warum berührt mich ihr Anblick? Muscheln
schützen sich durch einen Panzer aus Kalk. Hinter ihrer harten Schale steckt ein weicher Kern. Ich
spüre, dass auch ich des Schutzes bedarf. Manchmal fühle ich mich unbehaust und fremden Blicken preisgegeben. Als ich ein Junge war, schenkte
mir eine Umarmung Geborgenheit. Wer nimmt
mich jetzt in den Arm? Vielleicht begegne ich einer
verwandten Seele am Strand. Vielleicht sogar einer
Meerjungfrau. Kein Spielzeug, wie es die Mädchen
lieben, keine Arielle, sondern eine echte Nixe.

Es gibt Momente in meinem Leben, da glaube ich an das Wunder. Diese Augenblicke sind sehr kurz. In ihnen müsste das Wunder geschehen, und ich würde nicht zögern, ihm die Hand reichen.

Würde die Meerjungfrau aus den Wellen steigen und mich umarmen? Einfach nur so und ohne Begehren würden wir wie zwei Muschelschalen für einen Augenblick eine Einheit bilden.

Menschen und Muscheln sind Weichtiere. Die Muschel wird durch die Schalen oder das Gehäuse geschützt. Sie sind aus Kalk gebildet wie das Skelett, das unseren Leib trägt. Der weiche Kern der Muschel liegt hinter der harten Schale verborgen, unsere leicht verletzbare Haut dagegen ist schutzlos der Welt preisgegeben.

Meine Muschel hat an der Unterseite eine große Öffnung. Ich betrachte die Pforte zu einem verborgenen inneren Reich. Ich drehe die Muschel, versuche ihre Tiefen zu ergründen. Nach Innen führt der geheimnisvolle Weg. Doch schon nach der ersten Windung ist mir der weitere Blick verwehrt. So leicht gibt die Muschel ihr Geheimnis nicht preis. In jedem Menschen gibt es diesen innersten Bezirk. Er ist weich und empfindsam. Ein unachtsames Wort, ein böser Blick kann ihn verletzen.

Jeder Mensch braucht ein Muschelhaus, das der Seele Schutz schenkt. Höhle der Geborgenheit, Ort der Kraft, Stätte der Neugeburt: das eigene Zimmer, die Musik, das Buch, die Bank im Garten, der Liegestuhl auf dem Balkon. Im Muschelhaus bin ich ganz bei mir selbst. Den innersten Bezirk teile ich nur mit der Freundin. Sie kennt die nackte Wahrheit meines Lebens. Vor ihr brauche ich mich nicht zu verbergen. Sie liebt meine Seele. Sie kennt den inneren Reichtum. Sie schützt das Geheimnis der Mitte. Doch wo verbirgt sich die verwandte Seele?

Zurückgekehrt in das kleine Café am roten Leuchtturm schreibe ich einige Zeilen und schenke sie Undine:

Harte Schale und weicher Kern.
Das Muschelhaus schenkt Geborgenheit.
Es hat zwei Seiten:
innen und außen,
das Sichtbare und das Unsichtbare.

Der Wesenskern ist verborgen.
Das Eigentliche ist für die Augen unsichtbar.
Wer es erkunden will, muss den Eintritt wagen.

Gehe den Weg nach innen
zu mir,
zu dir,
zur Mitte.

Innigkeit

VOM VERBORGENEN REICHTUM

»Nirgends, Geliebte,
wird Welt sein als innen.«

Rainer Maria Rilke

Ein Unwetter zog in der Nacht über die See. Ich aber habe tief wie ein Kind geschlafen und das Tosen des Windes in meinen Träumen nicht vernommen. Nun scheint wieder die Sonne. Geschenke des Meeres liegen am Strand. Zwischen Seegras entdecke ich Muscheln. Auf einigen haften Seepocken und Algen. Ich verweile bei diesem Anblick und atme den Geruch der See tief ein. Manchmal fühle ich mich wie diese Muscheln. Ich möchte unter Seepocken und Algen gefunden werden.

Wer hat einen Blick für den inneren Reichtum? Wer lässt sich nicht von der äußeren Erscheinung blenden? Wer schaut mit den Augen des Herzens das Wesentliche? Wer hat die Geduld zu warten und weiß das richtige Wort zur rechten Zeit zu sagen? Wer kennt die alten Zauberworte? Undine spricht von der Innigkeit:

Stille werden
Warten können
Beobachten
Gefühle zulassen
Arbeiten, gestalten, üben
Sich auf den Weg begeben
Die Geduld nicht verlieren
Erfahrungen zulassen
Sich in Gelassenheit üben
Verborgene Talente entdecken
Begabungen fördern
Sich beflügeln lassen
Sich überraschen lassen
Staunen

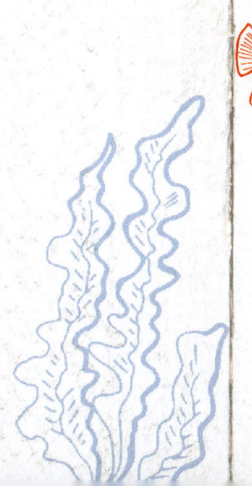

Mein Blick geht nach innen in das Reich der Seele, der Träume, der Fantasie, der Märchen und Mythen. Hier liegen Perlen der Zuversicht, der Bescheidenheit, der Gelassenheit, der Geduld, der Hoffnung, der Heiterkeit. Ich möchte neue Perlen entdecken. Manches Talent liegt ganz tief im Schatzhaus der Seele verborgen. Ich entdecke es erst jetzt und staune. In jeder Lebensphase will sich mein innerer Reichtum von Neuem offenbaren.

Wenn die Seele ihren inneren Reichtum nicht entfalten kann, sagt Undine, verkümmere sie und werde krank. Vielleicht habe sie die anvertrauten Talente nicht erkannt. Vielleicht begleitete sie niemand auf dem Weg zu sich selbst. Vielleicht verschloss sie sich dem Ruf. Sie sei dann wie eine Muschel, die ihr Geheimnis nie preisgeben durfte. Der innere Reichtum aber wolle sichtbar werden. Darum seien wir auf der Welt.

Undine lacht und weist den Weg zum Café. Auch ein gutes Mahl hebe die Seelenstimmung. Am Meer hat sie Tang für ihre Küche gesammelt. Morgen wird auf der alten Schultafel ein neues Gericht des Meeres stehen. Während sie die Algen tranchiert, schreibe ich einige Gedanken auf:

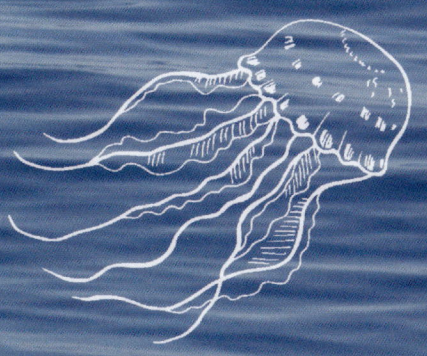

Bleibe nicht in deiner Schattenwelt:
Steh auf
und lass dich von der Liebe verwandeln.
Geh der Meerjungfrau entgegen
und sprich:
Verliere nicht die Geduld,
gib mich nicht auf,
warte, bis ich so weit bin,
mich dir zu öffnen.

Dann komm,
sprich das Zauberwort
und tritt ein in mein Schatzhaus.
Schau den inneren Reichtum
Und hebe ihn ans Licht.

Zur Kleinen Meerjungfrau

VOM STAUNEN

»Doch die Perlen hier im Kästchen
Sind entquollen einer schönen
Menschenseele, die noch tiefer,
Abgrundtiefer als das Weltmeer.«

Heinrich Heine

In der Wohnung des letzten Leuchtturmwärters hat Undine das Café eingerichtet, gegenüber im ehemaligen Kuhstall eine kleine Galerie. Über dem Eingang baumelt ein Schild im Wind. Auf ihm ist eine kleine Nixe mit großen Kinderaugen zu sehen. Darunter die Aufschrift »Zur kleinen Meerjungfrau«. Zwischen Galerie und Café liegt ein Innenhof mit Spielgeräten für die Kinder und Wassernäpfen für die Hunde. Neben den Hundenäpfen stehen Stelzen an die rote Backsteinmauer gelehnt. Ich schnappe mir zwei und staune, dass ich noch immer die Balance halten kann. Undine lässt ihre Arbeit liegen und schaut mir zu. Ich werde übermütig, gehe rückwärts, drehe mich im Kreis, wiege mich nach der Melodie eines alten Kinderliedes.

Die großen Kinderaugen der kleinen Meerjungfrau gefallen mir. Wir sind zum Sehen geboren und zum Staunen bestellt, habe ich einmal bei Goethe gelesen (Faust II, 5. Akt). Staunen heißt sich anrühren lassen und die Welt als Wunder begreifen.

Staunend kommen wir auf die Welt. Nie werde ich die wachen Augen meines Sohnes vergessen, mit denen er die Welt in sich auf- nahm. Er lag in einer kleinen trag- baren Wippe und verfolgte alles, was sich um ihn herum bewegte. Manchmal blickte er auf einen bestimmten Punkt und lächelte. Was er gesehen hat, blieb sein Geheimnis.

Ich lehne die Stelzen wieder an die rote Wand und setze mich auf eine Bank neben den Eingang »Zur kleinen Meerjungfrau«. In mein kleines Büch- lein notiere ich einige Gedanken:

Staunen -
offen sein für eine Begegnung,
sich überraschen lassen,
bereit sein für eine Berührung,
sich wundern und
bewundern,
sich beseelen lassen,
mit allen Sinnen leben,
sinnlich sein,
zärtlich sein.

Staunen ist ein stilles Glück,
ein Zustand der inneren Ruhe,
ein Augenblick ohne Zeit.

Ich schaue auf das Bild der kleinen Meerjungfrau mit den staunenden Augen. Staunen heißt, sich anrühren lassen von dem, was in mir Gestalt werden will. Staunen geschieht immer absichtslos. Deshalb liegt in jedem Staunen eine Überraschung, eine unerwartete Entdeckung, eine große Verwunderung. In diesem Augenblick wünsche ich mir, dass ich niemals diese kindliche Gabe der Begeisterung verliere, mit der mein Erdenleben begann. Dass ich niemals das Kind in mir vergesse. Wenn ich Muscheln sammle und mich an ihrem vielfältigen Farben- und Formenreichtum erfreue, dann erwacht in mir das Kind, und ich begreife: Die Welt ist wunderbar im Ganzen.

Menschliche Leistungen, Musik, Kunst, die Natur – alles kann uns mit Staunen erfüllen: ein neuer Weltrekord bei der Olympiade, das Gastkonzert eines Opernsängers, ein technisches Großprojekt. Die Ameisenstraße zwischen den Kiefernnadeln, die zartweißen Buschwindröschen im kalten Frühlingswind. Wenn ich staune, werde ich vom Wunder der Schöpfung ergriffen. Wie unendlich ist die Zahl der Muscheln am Strand und in den Tiefen der Meere, Flüsse und Teiche! Wie zauberhaft sind die Muster auf dem Gehäuse der Augenporzellanschnecke, wie zerbrechlich zart die gebogenen Spiralreifen des Venuskamms. Wenn ich staune, dann steigen Fragen in mir auf: Was ist der Sinn dieser Muster? Enthalten sie eine verschlüsselte Botschaft? Wollen sie etwas mitteilen? Warum diese Vielfalt der Arten? Ist jede gewollt? Steht hinter jeder ein Plan? Wenn wir staunen, dann verwandelt sich die Welt in ein Geheimnis.

Staunen:
Der Wind streichelt meine Haut,
ich höre, sehe, rieche und schmecke das Meer,
die Miesmuscheln an der Buhne
trotzen dem Gezeitenwechsel,
auf den Wellen bilden sich Schaumkronen,
jeden Morgen taucht die Sonne aus dem Meer auf.

Staunen:
Ein Kribbeln unter der Haut,
eine Gänsehaut läuft den Rücken hinunter,
plötzlich auf den Grund der Dinge sehen können,
ein Licht geht auf.

Wir staunen über die ersten Worte des Kindes und seine Gehversuche. Warum staunen wir nicht über die ersten Schminkversuche, den ersten Liebesbrief, die erste durchtanzte Nacht, den ersten Kater am Morgen und die Tapferkeit, mit der das Kind ihn durchsteht? Wir staunen über die erste Fahrt mit dem Dreirad. Warum staunen wir nicht, wenn es zum ersten Mal allein in die Ferien fährt? Wir staunen, wenn das Kind zum ersten Mal mit dem Löffel isst. Warum staunen wir nicht, wenn es plötzlich beschließt, Vegetarier zu werden oder grünen Tee statt Bier zu trinken?

Wer nicht mehr staunt, hat Angst vor der Veränderung. Kinder staunen. Viele Erwachsene haben sich im Leben eingerichtet, eine Familie gegründet, ein Haus gebaut, einen Baum gepflanzt ... Sie suchen Sicherheit und nicht die Überraschung. Sie wollen nicht, dass ihr Partner sich weiterentwickelt, weil sie dann neue Seiten an ihm entdecken müssten. Sie wollen keine Veränderungen, weil auch sie sich verändern müssten. Und doch spürt jeder Mensch in seinem Inneren, dass er ohne Staunen nicht leben kann. Jeder braucht einen anderen, der zu ihm sagt: Ich staune, was du alles kannst. Ich staune über deine Talente. Wenn uns Staunen erfüllt, dann erfahren wir die Welt und unser Leben als Wunder:

Staunen heißt offen sein für die Überraschungen,
die im Muschelhaus der Seele auf Entdeckung warten.
Staunend sind wir in das Leben getreten.
Staunend dürfen wir die Welt erkunden.
Staunend erfahren wir: unser Leben macht Sinn.
Staunend begreifen wir: Wir sind gewollt.
Staunend erkennen wir das Grundmuster unseres Lebens.
Staunen erfüllt uns mit Dankbarkeit.

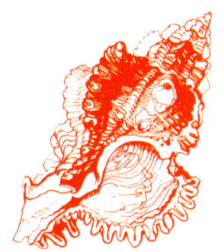

Die Ohrmuschel

VOM INNEREN HÖREN

»Ich höre … nun gewiss, es ist eine Torheit,
ich weiß, sonst würd ich mir einbilden,
ich hätte die Meerjungfrauen singen hören.«

Theodor Fontane
Effi Briest

Ein Hollerbusch im Garten des *Café Hygge*. Unter
den weit ausladenden Zweigen hängt ein Wind-
spiel. Die Röhren aus Aluminium halten der Wit-
terung stand. In ihrer Mitte hängen Geschenke
des Meeres: drei jener schwarzweißen Lochsteine,
die mit etwas Glück und Geduld am Strand zu finden sind. Undine nennt sie wegen ihrer Färbung
Kuhsteine. Einige zeigen Muster nach Art der
Klecksographien, so dass die Fantasie manches
Fabelwesen zu erkennen glaubt. Auf zwei Steine
hat Undine eine Notenschrift gemalt, auf den
dritten eine Sirene.

Wenn der Wind Steine und Röhren bewegt, erklingt ein heller Ton. Der Klang weht durch den
Garten zu mir. Er hallt in mir nach. Dann herrscht
Schweigen. Die Stille tut mir gut. Manchmal suche ich inmitten des Lebens diese Stille zwischen
zwei Tönen. Eine Unterbrechung, eine Pause, die
angehaltene Zeit. Was aber suche ich in Stille und
Schweigen?

Ich spiele mit meiner Muschel und halte sie an mein Ohr. Wie oft habe ich das Wort »Ohrmuschel« gehört, ohne dass Bilder vom Meer in mir auftauchten. Das Ohr hat die Form einer Muschel. Hinter der Ohrmuschel liegt das Innenohr. Der Hörsinn, mit dem ich die Welt der Klänge, der Worte und des Schweigens wahrnehme, gleicht einer Muschelkolonie.

Ich höre das Rauschen der Muschel, den Gesang der Zellen, die Melodie des Lebens, urvertraut seit Kindheitstagen. Von allen Sinnen, dem Riechen, Fühlen, Schmecken und Sehen, wird der Hörsinn zuerst entfaltet. Schon in der ersten Woche entwickelt der Embryo Ohren. Zwischen dem vierten und fünften Monat ist das Innenohr vollständig ausgebildet. Im Fruchtwasser schwimmend, hört das Kind den Herzschlag der Mutter. Es spürt:

Da ist ein Mensch,
der mit mir geht.
Ich bin nicht allein.
Ich werde durchs Leben getragen.

Diese Urerfahrung liegt in jedem Menschen verborgen. Sie klingt wieder im Rauschen der Muschel. Sie wird ablesbar im andächtigen Blick und stillen Lächeln des Kindes, das die Muschel vom Strand aufhebt und ans Ohr hält.

Keinen Sinn hat die Natur aufwendiger gestaltet als den Hörsinn. Kein Organ unseres Körpers hat mehr Nervenzellen und -endungen als das Innenohr. Als Hörende sind wir Empfangende.

In jedem Menschen gibt es einen inneren Klang. Er ist die Stimme der Wahrheit. Er ist die kleine Trommel des Gewissens und die zarte Lebensmelodie. Er ist der innere Führer. Er weiß, was not tut. Er ist der innere Kompass. Er weist den Weg durch den Ozean des Lebens. Er ist das Gleichgewichtsorgan. Er ist die große Medizin.

Ich halte die Muschel an mein Ohr und höre: Was dich aus dem Gleichgewicht bringt, ist die Maßlosigkeit. Was dich krank macht, ist die Gier nach immer neuer Zerstreuung. Im Rauschen meiner Muschel erklingen leise Töne. Doch ihre Botschaft ist entschieden: Wer seine innere Stimme überhört, gerät aus dem Gleichgewicht und verliert die Balance. Die innere Stimme fordert Gehorsam. Im Wort »Gehorsam« erklingt das Wort »hören«.

»Hören heißt achtsam werden auf die innere Stimme«, sagt Undine:

Sei ganz Ohr.
Finde dein Gleichgewicht.
Verweile,
übe dich in Geduld.
Werde empfindsam für die leisen Töne.
Harre aus in der Stille,
bis die innere Stimme erklingt,
deine Lebensmelodie.

Kleine weiße Muschel

VON DER SCHLICHTHEIT

>»Die schätzbarsten Sachen im Reich der Natur
hat der weise Schöpfer am tiefsten versteckt,
am meisten verborgen.«

Gerhard Tersteegen

In der Muschelsammlung meines Vaters befand sich eine Abalone, ein See- oder Meerohr. Heute liegt sie auf meinem Schreibtisch neben einer kleinen weißen Muschel. Die prächtige Abalone und ihr schlichtes Gegenstück wurden beide am Pazifik nördlich von San Francisco gefunden. Hier wohnte Onkel Johannes, der einzige Bruder unserer Mutter. Die Eltern besuchten ihn gerne.

Der Vater hatte einen scharfen Blick. Er fand die schwere Muschel. Ihre Perlmuttschicht leuchtet in der Farbenpracht des Regenbogens. Meine kleine Muschel ist innen wie außen von gleicher Schlichtheit. Einen Moment überlegte ich, sie in den Stillen Ozean zurückzuwerfen. Die unauffälligen Muscheln finden sich tausendfach am Strand. Dann zog mich ihre Schlichtheit an. Ich steckte die Muschel ein.

Bin ich eine Abalone oder eine schlichte weiße Muschel? Ich weiß es nicht. Vielleicht will ich es nicht wissen. Vielleicht ist es gesund, die letzten Fragen unbeantwortet zu lassen.

Am Meer bin ich mir selbst Geheimnis. Aber ich habe Durchblicke in mein Innerstes. Ich kenne meine Wünsche und Hoffnungen. Manchmal glaube ich, eine kleine schlichte Muschel zu sein. An einem anderen Tag fühle ich mich schön wie die prächtige Abalone und strotze vor Selbstbewusstsein. Wuchs aus diesem Zwiespalt der Gefühle manche Täuschung und Enttäuschung? Oder führte er mich zuweilen über meine Begrenztheit hinaus?

Ein Leben lang sind wir auf der Reise zur Mitte. Was sich hinter der Schale verbirgt, ahnen wir nur. Der innere Reichtum enthüllt sich durch das Wort, durch gemeinsame Gespräche und Erfahrungen. Geheimnisvolle Schätze gibt es überall zu entdecken. Denn niemand ist ohne inneren Reichtum.

Einige Menschen glänzen wie die Abalone. Sie sind mit vielen Talenten gesegnet, strahlen Heiterkeit und Lebensfreude aus, sind voller Elan und Ideenreichtum. Mit ihnen zeigt man sich gerne. Wenn sie den Raum betreten, blicken die Gäste auf; wenn sie das Wort ergreifen, verstummt das Gespräch.

Wie mag sich die schlichte kleine weiße Muschel neben der Abalone fühlen? Gewiss sehr wohl. Denn sollte sie sich minderwertig fühlen, nur weil es nicht ihr Auftrag ist, eine Perlmuttschicht zu bilden? Wer ihr geheimnisvolles Wesen erkundet, wird eine andere Art des inneren Reichtums entdecken. Ihre Tugenden sind Schlichtheit und Bescheidenheit. Die kleine Muschel ist frei von Eitelkeit. Sie besitzt die Gabe des Zuhörens und der Geduld. Die weiße Muschel strahlt innere Ruhe aus. Wer sie kennt, vertraut sich ihr an. So ist die kleine weiße Muschel voller Geschichten.

Ihre Schlichtheit hat mich zu einem genauen Hinsehen erzogen. Die kleine weiße Muschel fordert von mir Geduld, den zweiten und dritten Blick und die stille Betrachtung. Ich beginne sie immer besser kennenzulernen. Sie ist überhaupt nicht weiß, sondern das Innenmuster ihrer Schale enthält viele Schattierungen.

Im Wechsel der Gezeiten

VON DER STANDHAFTIGKEIT

> »Das Tröpflein wird das Meer,
> wenn es ins Meer gekommen,
> die Seele Gott,
> wenn sie in Gott ist aufgenommen.«

Angelus Silesius
Cherubinischer Wandersmann

Ständig wandelt sich das Meer im Wechsel der Gezeiten. Wenn ich bei Ebbe in der Brandung stehe, ergreift mich ein Sog. Der Sand entgleitet unter meinen Füßen und fließt ins Meer zurück. Ich stelle mir vor, eine Nixe wolle mich ins Wasser ziehen.

Der Vater liebte die kleinen Meerjungfrauen, aber er glaubte nicht, dass es sie wirklich gäbe. Doch die Gefahr, beim Baden in eine Strömung zu geraten, hielt er für real. Deshalb schärfte er mir ein, nur bei Flut zwischen den Wellen zu schwimmen. Den rechten Zeitpunkt für den Sprung ins feuchte Element kannte er genau, denn er studierte den Tidekalender wie einen Fahrplan der deutschen Bundesbahn, in deren Dienst er stand.

Im *Café Hygge* liegt der Gezeitenkalender für diesen Sommer aus. Wenn ich die Hoch- und Niedrigwasserstände studiere, ist mir der Vater sehr nahe. Er liebte das Meer. Hier wollte er eines Tages seine letzte Ruhestätte finden. Ich hebe den Blick vom

Gezeitenkalender und schaue durch die Fenster auf das Wasser. In der Ferne sehe ich die Insel der Kindheit. Auf Borkum wurden die Geschwister wie Geschenke des Meeres empfangen und kamen im folgenden Frühjahr zur Welt.

Zu Hause war der Vater ständig in Bewegung. Immer wurde im Garten gearbeitet oder am Haus gebastelt. Auf Borkum dagegen waren wir es, die keinen Müßiggang kannten. Wir gruben Wasserlöcher, bauten hohe Sandburgen und zogen große Schutzwälle um den Strandkorb. Um die Stabilität der Burg zu erhalten, mussten ihre Mauern regelmäßig mit Wasser beträufelt werden. Die Kinder der Feriengäste aus England, Italien oder Holland umstanden uns staunend und wunderten sich über unseren deutschen Arbeitseifer. Mit Muscheln verzierten wir die Burgen und Wälle, entwarfen Muster, Ornamente und Mäander. Der Höhepunkt unserer Arbeit war die Namensgebung. Wir sammelten dunkelfarbige Muscheln, die weithin sichtbar waren, und legten aus ihnen den Namen unserer Burg.

Es waren Miesmuscheln. Den Namen der schwarzblauen Muschel hörte ich vom Vater. Er bewegte meine kindliche Fantasie. Ich kannte Ausdrücke wie »Miesmacher« oder »in die Miesen kommen«. Ich wusste, was ein »mieser Kerl« oder eine »miese Stimmung« sind. Was aber war »mies« an der Miesmuschel? Ging es einem nach dem Verzehr einfach mies? Das Gegenteil sei der Fall, sagte der Vater. Überall auf der Welt seien Miesmuscheln als Nahrungsmittel beliebt. Das Wort »mies«, so las ich später, leitet sich aus dem jiddischen »mi'es«

schlecht, verächtlich, widerlich ab. Unsere Miesmuscheln aber tragen in sich das alte deutsche
Wort »mies«. Es bedeutet Moos, Sumpf oder Moor.

Buhnen heißen jene Bauwerke, die weit in das
Meer ragen und die Macht der Gezeiten mindern
sollen. Der Vater nannte sie Wellenbrecher. Bei
Ebbe bilden sie einen Ruheplatz für die Möwen.
Hier leben Miesmuscheln in großen Kolonien und
haften mit ihren Byssusfäden an Steinen und
Pfählen. Selbst mit größtem Kraftaufwand ist es
unmöglich, sie von ihrem Ort zu lösen. Bei Flut
verschwinden die Miesmuscheln im Wasser.

Warum hat sich mir das Bild der Miesmuschel-
Kolonie eingeprägt? Warum habe ich so viele andere Eindrücke vergessen? Warum erinnere ich mich
ein Leben lang an scheinbar belanglose Dinge?
Früh hat mich ein Bild gebannt. Nun beginne ich
sein Geheimnis zu verstehen.

Ich bin ergriffen von der Standhaftigkeit dieser
Muscheln. Sie trotzen den größten Brechern und
überleben den ständigen Wechsel der Gezeiten. Bei
Ebbe schließen sie ihre Muschelschalen und schützen so ihr Inneres. Der Flut öffnen sie sich.

Die Muscheln zeigen mir eine Überlebenstech-
nik. Ständig wandelt sich mein Leben im Meer der
Gezeiten. Zugleich lebt in mir ein Unwandelbares.
Ich bleibe, der ich bin. Manchmal erschreckt mich
diese Erfahrung, manchmal tröstet sie mich und
schenkt mir die Standhaftigkeit eines Wellenbre-
chers.

Innerer Reichtum
wächst im Verborgenen

VON DER PERLE

> »Deine Wagen sind lieblich mit den Kettchen
> und dein Hals mit den Perlenschnüren.«

Die Bibel: Hoheslied

»Margarita« bedeutet »Perle«. Margarethe – so heißen Heilige und Königinnen. Undine trägt heute eine bunte Perlenkette um den Hals und eine Margerite im Haar. Die kleinen Kugeln in den Farben des Regenbogens sind aus Holz gedrechselt. Die Perle ist ein Symbol für das Geheimnis der Seele. Wie der innere Reichtum, so wächst auch die echte Perle im Verborgenen. Kein Edelstein kann es mit ihr aufnehmen. Denn Edelsteine müssen bearbeitet werden. Die Perle aber tritt als vollkommenes Gebilde rein hervor. Wir empfangen sie als ein Geschenk des Meeres. Auf der Perle liegt der Abglanz einer überirdischen Schönheit. Deshalb sind auch die zwölf Tore zum Himmlischen Jerusalem aus Perlen gefertigt.

Undine öffnet den Verschluss ihrer Kette und lässt die kleinen Perlen wie eine buddhistische Gebetskette durch ihre Finger gleiten. Perlen wachsen im Verborgenen. Wenn sie ans Licht treten, lebt die Muschel nicht mehr. Doch auch die Perle wird eines Tages nicht mehr sein. Sie teilt mit uns die Endlichkeit und Vergänglichkeit. Die Vollkommenheit der Perle ist ein Wunder im Meer der Zeit.

Das Bild der Perle bewegt mich. Würde ich etwas schaffen, ohne das fertige Produkt jemals sehen zu dürfen? Würde ich ein Haus bauen, ohne es bewohnen zu dürfen? Würde ich einen Garten anlegen, ohne in ihm wandeln zu dürfen?

Ich will die Früchte meiner Bemühungen ernten. Die Muschel ist anders als ich. Die Muschel will nicht glänzen. Sie fragt nicht: Was kostet es mich? Was habe ich davon? Wie viel Zeit muss ich investieren? Vielleicht weiß die Muschel nicht einmal von ihrer inneren Schönheit. Ich aber spüre: Der innere Reichtum ist umsonst. Deshalb leuchtet auf den Perlen der Liebe, der Hoffnung und des Glaubens ein himmlischer Glanz.

Vielleicht werde ich die schönsten Perlen meines Lebens niemals zu Gesicht bekommen. Was in mir reifte und Gestalt annahm, was ich meinen Kindern schenkte – das wirkt vielleicht auf geheimnisvolle Weise weiter und bildet neue Perlen. Es liegt nicht in meiner Hand. Innerer Reichtum wächst im Verborgenen und über mich hinaus in ein neues Leben. Undine legt die Perlenkette wieder an und sagt:

Tritt die Perle ans Licht,
schenkt sie der Welt Glanz.

Du wirst ihn nicht sehen.
Doch wachsen
spürtest du ihn in dir.

Was du empfangen hast,
das gib auch wieder frei.

»Doch, wie die Muscheln, die Verletzung litten,
Im Schoße formen den verlornen Saft:
Aus Leiden ward der Perlen Glanz erstritten,
So wuchs dies Lied aus einer bittren Stunde.
Aus einer Träne ward dies Lied erschafft.
Und ich vergaß der kaum empfangenen Wunde.«

Franz Grillparzer

Das Vollkommene atmet Leichtigkeit. Wer denkt beim Anblick der Perle an das Sandkorn? Keine Spur verrät das Gedicht von der Suche nach dem treffenden Wort. Leicht wie ein Vogel schwebt die Tänzerin über die Bühne. Ihre Bewegungen erinnern nicht an den langen Weg der täglichen Übung. Das vollendete Gemälde lässt die zahlreichen Entwürfe vergessen. Wer dächte beim Anblick der Kathedrale an das mühsame Behauen der Steine und den Sand, der zwischen den Fugen als Mörtel gerann? Mühsal, Schmerz, Entbehrung sind in Schönheit verwandelt.

Vom Meer war ein Gewitter über das Land gezogen. Der Blitz hatte die Stromversorgung lahmgelegt. Nun kann ich mich wieder im Ozean des Internets bewegen. Ich informiere mich über die Entstehung der Perle: Zwischen die Schalen der Muschel ist ein Fremdkörper gedrungen. Ein

Sandkorn zum Beispiel. Das Mu-
schelfleisch ist weich und empfindsam wie unsere Haut, die
leicht von einem Dorn oder einem Holzsplitter verletzt werden
kann. Uns schmerzt der Fremdkörper. Bald rötet sich die Wunde. Sie
pulsiert und wird eitern, wenn es nicht gelingt,
den Splitter mit einer Nadel aus dem Fleisch zu
ziehen. Die Muschel kann das Sandkorn nicht aus-
speien. Deshalb umschließt sie den Fremdkörper
und bildet so die Perle.

Ich spreche mit Undine über die Sandkörner in
meinem Leben. Sie ist ganz Ohr und beobachtet
mich genau. Später sagt sie:

Höre ein Geheimnis:
Was dich verletzte,
was dich verwundete,
hat dich auch befruchtet.

Alle Wunden,
die dir das Leben schlug
durch eigene oder fremde Schuld:
Ließen sie dich nicht
wachsen,
reifen
und Perlen bilden?

Geheimnisse können nicht erklärt werden. Ich will dem Geheimnis der Wandlung nachspüren. Geheimnisse offenbaren sich nicht zu jeder Zeit. Ich darf Geduld mit ihnen und mit mir haben. Irgendwann werde ich spüren: Mein Schmerz wird in eine glänzende Perle verwandelt werden. Undine sagt:

> Verdränge nicht den Schmerz,
> sondern verwandle ihn in die Perle!
> Du hast heilende Kräfte in dir!
> Vertraue auf die Kraft der Wandlung in deiner Mitte!
> Die große Medizin ruht in dir.
> Sie gehört zu deinem inneren Reichtum.

Perlen sind verwandelter Schmerz. Welch ein Mysterium! Um das Sandkorn in eine Perle zu verwandeln, bedarf es der Geduld. *Patientia*, habe ich einst in der Schule gelernt, bedeutet Geduld. Der Patient muss Geduld haben. Geduld ist nicht meine Tugend. Im Vertrauen auf die geheimnisvolle Kraft der Verwandlung zeigt die Muschel Beharrlichkeit. Sie gibt die Hoffnung nicht auf.

Perlen wachsen nicht in wenigen Tagen, und der Schmerz ist nicht im nächsten Augenblick überwunden. Alles braucht seine Zeit. Schicht für Schicht umhüllt die Muschel das Sandkorn mit Perlmutt. So wächst die Perle in ihr. Noch lange spürt die Perle das Sandkorn in sich. Eines Tages wird der Schmerz eine ferne Gedächtnisspur sein, bis er sich schließlich ganz in der Erinnerung verliert. Doch noch ist der Weg weit.

Für die Nacht ist wieder ein Gewitter angekündigt. Als ich eine Taschenlampe unter mein Kopfkissen legen will, finde ich ein neues Geschenk des Meeres mit Undines schön geschwungener und in weiten Wellen fließender Handschrift:

Wandle
das Sandkorn der Mühsal
in die Perle der Leichtigkeit,
das Sandkorn des Schmerzes
in die Perle der Freude,
das Sandkorn der Entbehrung
in die Perle der Fülle,
das Sandkorn der Enttäuschung
in die Perle der Zuversicht,
das Sandkorn der Ungeduld
in die Perle der Geduld,
das Sandkorn der Eifersucht
in die Perle der Toleranz,
das Sandkorn der Ungerechtigkeit
in die Perle der Gerechtigkeit.

Eines Tages wirst du reine Perle sein!

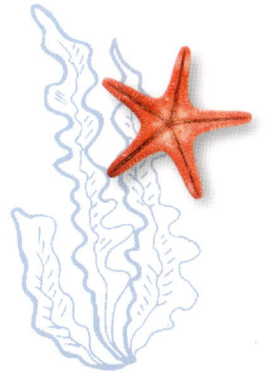

Tränen Gottes

VERWANDLUNG BRAUCHT SCHUTZRÄUME

>»Regentropfen Allahs,
Gereift in bescheidener Muschel.«

Johann Wolfgang von Goethe
Westöstlicher Divan

Am Meer reichen meine Träume tiefer hinab. So lege ich mich mit liebem Gruß und voller Erwartung ins Bett. »Gute Nacht und gute Reise«, sagt Undine und ergänzt nach einer kleinen Pause: »Und komm wieder zurück!«

Letzte Nacht besuchte ich meinen Lehrer Friedrich Ohly. Ich dachte, er sei vor langer Zeit verstorben. Das erwies sich als Irrtum. In meinem Traum war der Lehrer höchst gegenwärtig. Ich saß in seinem Dienstzimmer der Universität Münster. Ohly war Spezialist für die Literatur des Mittelalters, aber eigentlich wusste er alles. An der Wand seines Zimmers hing eine farbige Reproduktion von Paul Cézannes »Der Junge mit der roten Weste«. Das Bild war mir bislang nie aufgefallen.

Friedrich Ohly arbeitete an einem Buch über Perlen. In einer Vorlesung hatte er sie mit Tränen Gottes verglichen: Unter vielen Wassertropfen, die vom Himmel ins Meer fallen, befinden sich zuweilen Tropfen besonderer Art. Sie stammen aus einer fernen Welt. Dieser Himmel wird von den Mystikern

als Heimat des Menschen beschrieben. Aus ihm, so
lehren sie, stamme die Seele. In ihn werde sie eines
Tages wieder zurückkehren.

Wenn der Wassertropfen in das Meer stürzt, so
fühlt er sich fremd. Die Muschel aber erkennt ihn,
öffnet ihre Schalen und nimmt das Himmelskind
in sich auf. Sie gibt der Seele einen Zufluchtsort.
Zwischen den Schalen der Muschel wird sie zu einer wunderschönen Perle gebildet.

Friedrich Ohly hatte ein Jahrzehnt in russischer
Gefangenschaft überlebt. In den Jahren der Entbehrung bildeten sich jene Perlen des Wortes, von
denen er überreich erzählen konnte. Im Lager war
der Gebrauch von Papier und Stift verboten. Die
Perlen des Wortes wollten im Gedächtnis rein be-
wahrt werden.

Erst jetzt merkte ich, dass ich zu einem Prü-
fungsgespräch geladen war. Darüber war ich ver-
wundert. Ich hatte angenommen, sämtliche Prü-
fungen bereits abgelegt zu haben, stand ich doch
seit vielen Jahren im Beruf. Das war wohl ein Irr-

tum, den auch der Lehrer bemerkt haben musste. Er sprach von den Dichtern Rumi und Hafis und baute mir so eine Brücke zu Goethe. Offensichtlich sollte ich über seine orientalischen Gedichte geprüft werden. Mir fielen folgende Verse ein:

»Vom Himmel sank in wilder Meere Schauer
Ein Tropfen bangend, grässlich schlug die Flut,
Doch lohnte Gott bescheidnen Glaubensmut
Und gab dem Tropfen Kraft und Dauer.
Ihn schloss die stille Muschel ein.
Und nun, zu ew'gem Ruhm und Lohne,
Die Perle glänzt an unsers Kaisers Krone
Mit holdem Blick und mildem Schein.«

Nun erinnerte ich mich: Die islamische Mystik, von der Goethe sich hat anregen lassen, besitzt viele Namen für die Perlen. Sie werden Tränen Gottes genannt. Christus gilt als himmlischer Tautropfen und Maria als die Muschel, in deren Schoß die Perle des wunderbaren Kindes gebildet wurde. Die Perlen, so erzählt eine andere mystische Tradition, seien aus den Tränen entstanden, die Adam und Eva beim Tod ihres Sohnes Abel weinten.

Friedrich Rückert kannte die geheimnisvolle Kraft der Verwandlung aus eigener Erfahrung. In über vierhundert »Kindertodtenliedern« versuchte er seinen Schmerz über den frühen Tod von zweien seiner Kinder zu überwinden. Perlen des Wortes als Gebet:

»Der Himmel hat eine Träne geweint,
Die hat sich ins Meer verlieren gemeint.
Die Muschel kam und schloss sie ein:
Du sollst nun meine Perle sein.

Du sollst nicht vor den Wogen zagen,
Ich will hindurch dich ruhig tragen.
O du mein Schmerz, du meine Lust,
Du Himmelsträne in meiner Brust!

Gib Himmel, dass ich in reinem Gemüte
Den reinsten deiner Tropfen hüte.«

Der Duft von frisch gebrühtem Kaffee ließ mich aus diesem Meer der Erinnerung erwachen. Dankbarkeit erfüllte mich. Undine war bereits in der Küche geschäftig. Ich aber blieb auf meiner Lagerstatt und spürte den Perlen des Wortes wie in einem Morgengebet nach:

Die Seele ist ein Wassertropfen. Ist meine Seele eine Träne Gottes? Weint Gott in mir, wenn mir die Augen übergehen? Zittert Gott in mir, wenn mir angst und bange wird? Fühlt er sich fremd in der Welt, wenn mich die Sehnsucht übermannt? Bekommen die Stunden der Einsamkeit und des Weltschmerzes in diesem Bild einen neuen Sinn?

»Schön, dass du wieder aufgewacht und zurückgekehrt bist, lieber Freund«, sagte Undine, als ich mich an den gedeckten Tisch setzte.

Im Meer der Seele

EIN MYSTISCHER GRENZGANG

»Komm aus dem Meer wie Regenwolken – reise!
Denn ohne Reisen wirst du nie zur Perle.«

Fariduddin Attar

Das Meer der Seele ist voller Träume. Manche Geschenke der Nacht habe ich beim Aufwachen vergessen. Andere hallen in mir nach. So berichtete ich Undine von der Begegnung mit dem Lehrer und den Perlen des Wortes. Als ich geendet hatte, sagte sie: »Nun erzähle, lieber Freund, vom *Meer der Seele*. Du wirst mir doch nicht bereits alles gesagt haben?«

»Gerne will ich von einer Reise erzählen«, erwiderte ich. »Aber zuerst brauche ich ein Glas mit grünem Tee und einige Körner Kardamom.«

Ich öffnete die Kapsel mit den Fingernägeln, zerdrückte die kleinen schwarzen Körner auf einem Brettchen und warf sie in den Tee. Mit dem ersten Schluck ergriff mich die Erinnerung. Ich war wieder in Pakistan:

Gott ist groß! Der Ruf des Muezzin beendete eine schlaflose Nacht. In den nördlichen Gebirgsdörfern von Chitral erklingt er im vielstimmigen Widerhall wie auf den Monitoren in den schwülen Wartehallen des Flughafens von Karatschi am Indischen Ozean. *Gott ist groß!* Der alte Mann auf der

Landstraße nach Mingora wirft sich zum Gebet in den Staub. Neben seinem Haupt rollt die Karawane der schweren Trucks. Wenn Gott will, glauben die Mystiker, kommt der Beter unter die Räder. Aber Gott will nicht. Gott ist gnädig. Der Teppichverkäufer unterbricht höflich das Gespräch, entschuldigt sich und geht für fünf Minuten zum Mittagsgebet. Am Nachmittag wird die Kreuzung in Peschawar zum Ort des Gebetes, denn die Moschee kann die Zahl der Frommen nicht fassen.

Ich treffe Abid Zareef Khan. Er ist Pathane und ein Freund von Annemarie Schimmel. Unterstützt von Patricia Kennedy, einer Schwester vom Orden des heiligen Dominikus, leitet er eine Privatschule mitten im Gebiet der Taliban. Für seine Arbeit steht ihm ein 26 Jahre alter VW-Käfer zur Verfügung.

Vierspurig brandet der Verkehr durch Peschawar. Zwischen überladenen Bussen und buntbemalten Motor-Rikschas trotten Eselkarren und Wasserbüffelgespanne. Die Fahrer rufen sich zu, schreien, schimpfen, lachen und fluchen. Die linke Hand haben sie am Steuer, die rechte auf der Hupe. Überholt wird kreuz und quer. Durch die verschmutzten Scheiben des Wagens ist nur wenig zu sehen. Mein Freund Abid reißt das Steuer nach links, um einem Kameltreiber und seinen Tieren auszuweichen. Die Sonne ist untergegangen. Trotzdem fahren die meisten Fahrzeuge ohne Licht

oder haben wenigstens die Rückleuchten ausge-
schaltet. Man glaubt auf diese Weise die Energie
der Autobatterie zu schonen. Ja, das sei sehr gefährlich, kommentiert Abid. Jeden Moment könne
ein Unfall passieren – *Inschallah, wenn Gott will.* Aber
Gott will nicht. Gott ist gnädig.

Bodenwellen sollen den schnellen Verkehr brem-
sen. Doch niemand drosselt das Tempo. Wenn der
Wagen über sie springt, lacht Abid. *German car is good
for jumping!*

Abid führt mich zu einem heiligen Ort, dem
Schrein des Chishti-Mystikers Abdur Rahman. Ich
werde mit einem Klümpchen *schwarzem Afghanen* begrüßt. Das Trinken von Alkohol habe der Prophet
Muhammad untersagt, erklärt der Freund, nicht
aber den Genuss der Droge. Sie gilt als Stimulans
für die mystische Reise. Es ist Donnerstagnacht.
Bald beginnt *Juma*, der islamische Feiertag. Die Zeit
ist gekommen, den Allerbarmer durch Tanz und
Musik zu preisen.

Der Mystiker sieht das Geheimnis Gottes überall
bezeugt: in der Mitte der Rosenblüte ebenso wie im
aufsteigenden Duft des mit Kardamom gewürzten
Tees. Das Sichtbare ist ihm Gleichnis des Unsichtbaren. Der Unwissende sieht nur den breiten Graben zwischen der westlichen und indomuslimi-
schen Kultur. Der Wissende aber hört hinter den

verschleierten Bräuten Judentum, Christentum und Islam das eine Herz der Sehnsucht schlagen.

Wenn der letzte Schleier fällt, bleibt allein die Liebe. Von ihr sang Abdur Rachman, den die Pathanen zärtlich *Baba*, Vater, nennen. Ihm gehört diese Nacht. Südwestlich von Peschawar, inmitten eines riesigen Gräberfeldes, liegt sein neu restaurierter Schrein. Die Straße zum Heiligtum gilt als äußerst gefährlich, denn sie führt durch eine Region, in der Mörder, entflohene Häftlinge und Diebesgesindel ihr Unwesen treiben. Jederzeit könnten sie uns auf den unbeleuchteten Wegen durch eine Straßensperre stoppen, *wenn Gott will*, kommentiert Abid.

Aber Gott will nicht. Gott ist gnädig. Deshalb erreichen wir unser Ziel. Wer hier ankommt, kann kein Fremder sein, gleichgültig, welche Sprache er spricht, welchen Glauben er hat und in welchem Winkel der Erde er geboren wurde. Gott ist einer, und die Welt ist eins. Deshalb begrüßt uns der Wächter vor dem umzäunten Heiligtum als Freunde und führt uns über den dunklen Pfad dem Gesang entgegen. Mein Freund singt:

> »Vor Ihm wirft sich die Erde betend nieder,
> Der Himmel beugt sich im Gebet vor ihm.
> Anbetend steht vor Ihm der Baum im Walde,
> Ein jedes Gras ist Zunge seine Lobes.
> In Seinem Lobpreis sind beständig alle,
> Ob's Engel sind, ob Geister, ob der Mensch.
> Sein Lob verkündet jeder Fisch im Wasser,
> Im Hain singt jeder Vogel seinen Preis.«

Auf einem überdachten Platz in der Mitte des Gartens sitzt der alte Sänger. Er hält die Augen geschlossen, denn die Perlen des Wortes sind geschrieben ins Buch seiner Seele. Die königsblaue Farbe von Umhang und Turban kennzeichnen seinen Rang. Drei Musikanten begleiten ihn mit Schlaginstrumenten: einer Art Bongo und einer umgedrehten Waschschüssel, der schwebende Rhythmen entlockt werden. Im Sprechgesang rezitiert der Alte Gottespoesie. Seine Schüler wiederholen die Worte. So wurden durch Jahrtausende die großen Dichtungen überliefert, so memorieren Pakistans Kinder noch heute die arabischen Suren, von denen sie glauben, dass Muhammad sie einst aus dem Mund des Engels Gabriel vernahm.

Perlen des Wortes sind Magie. Auch mich ergreift der Gesang des Alten. Seine Schüler umgeben ihn in kreisförmiger Sitzordnung und begleiten den Meister mit rhythmischem Händeklatschen. Zuweilen blitzt der Griff eines Revolvers unter ihren Gewändern hervor.

Der Gesang kreist. Die Zigarette kreist. Der Tee kreist. Ich werde eingeladen, in den innersten Kreis zu treten, lege die rechte Hand auf das Herz und bekunde mit leicht angedeuteter Verbeugung meinen Dank für die Ehre.

Undine wiederholt die Geste. Genug erzählt, sagt sie. Heute gehen wir auf Perlensuche. Ich denke an einen Ausflug zu einer Muschelfarm. Doch Undine hat anderes im Sinn.

Auf dem Flohmarkt

VON DER ENTSCHEIDUNG

»Rühm große Last von Eisen sehr,
Mir gilt ein kleines Perlein mehr.«

Gerhard Tersteegen

Ein Flohmarkt am Fjord. Neben der Fischbude reihen sich die Stände. Alter Hausrat liegt auf Tapeziertischen oder im offenen Kofferraum der Automobile. Jugendliche verkaufen die Schätze ihrer Kindheit: in Plastiktüten abgepackte Lego-Steine. Eine Sammlung von Briefmarken aus Grönland, Island und von den Färöer-Inseln. Dazwischen ein Mandelverkäufer. Berge von blauen Porzellantellern. Ich drehe einige um und lese »Bing & Grøndahl« und »Royal Copenhagen«. Jeder Jahresteller zeigt ein neues Motiv aus dem Tierreich: Eine Häsin mit ihren Jungen, eine Fähre mit kleinen Füchsen, eine Eisbärin mit zwei Wollknäueln. Geschenke zum Muttertag. Ob sich die Mütter über diese teuren Geschenke gefreut haben?

»Mors Dag 1976« lese ich auf einem Teller. Umrankt von Algen und begleitet von drei Fischen sehe ich eine Meerjungfrau mit ihrem Kind. Beide erkenne ich an ihren Fischschwänzen. Das Nixenkind steckt seiner Mutter eine Blüte ins Haar.

Das Geschenk zum Muttertag war einst heilige Pflicht. Ich habe Bilder gemalt, ein Lied auf der Blockflöte vorgespielt, einen Strauß mit Frühlingsblumen gesammelt. Später habe ich einmal die Tulpen aus Nachbars Garten gestohlen und der Mutter überreicht.

Blumenmotive finden sich auf den blauen Tellern wieder. Viele dieser Geschenke zum Muttertag hingen einst als Schmuck an den Wänden. Ich denke zurück an eine Reise nach Finnland. Auf der Fähre lernte ich ein Mädchen kennen. Ich folgte ihr nach Varkaus. Hier war ich Gast der Familie. Die Freundin führte mich durch ihr Elternhaus. Im elterlichen Schlafzimmer entdeckte ich zehn gerahmte Urkunden an der Wand. Ich konnte die Schrift lesen, nicht aber die Worte verstehen. Es waren die zehn Geburtsurkunden der Kinder.

»Was würdest du dir lieber aufhängen? Geburtsurkunden oder Porzellanteller?«, frage ich Undine. Sie geht auf meine Frage nicht ein, sondern verweist auf eine Porzellanfigur: eine junge Frau mit einem alten Ziegenbock an der Leine.

Ich wende mich wieder den Tellern zu. Längst sind die Beschenkten gestorben. Nun wird das Porzellan zu Schleuderpreisen entsorgt.

Dem Jungen kaufe ich seine Sammlung mit Marken aus Grönland, Island und von den Färöer-Inseln ab. Island habe ich einmal besucht und Vulkanasche und einen vom Eis des Vatnajökull aufgebrochenen Kieselstein mitgebracht. Der Preis der Briefmarken erscheint mir hoch, aber ich feilsche nicht. Manchmal ist eine rasche Entscheidung wohltuend.

»Was willst du mit diesen Briefmarken?«, fragt Undine.

»Ich weiß es noch nicht. Sie sind einfach schön«, antworte ich. »Wahrscheinlich verschenke ich sie, wie ich fast alles verschenkt habe, das ich von meinen Reisen nach Hause brachte.«

Am meisten wundert sich Undine, dass ich mit dem Burschen nicht gehandelt habe. Sie hält mich für unerfahren in diesen Dingen. So erzähle ich von den Basaren in Buchara und Samarkand, in Chudschand und Taschkent. Hier bot sich mir stets das gleiche Bild: Wer den Preis einer Ware erfahren will, muss den Händler fragen. Er wird einen Fantasiepreis nennen, denn er will, dass der Kunde mit ihm über die Ware feilscht. Der Teppichhändler erwidert sogar: »Wie viel ist dir dieser Teppich wert?« Das ist seine List, gewiss. Aber in ihr liegt auch eine Weisheit.

Aus der Welt der Sammler und Sucher, der Basare und Flohmärkte stammt ein Perlengleichnis. Es erzählt von der Entschiedenheit und Entscheidungsfreude:

> »Wiederum gleicht das Himmelreich
> einem Kaufmann,
> der gute Perlen suchte,
> und als er eine kostbare Perle fand,
> ging er hin und
> verkaufte alles, was er hatte,
> und kaufte sie.«

Der Kaufmann hat eine Entscheidung getroffen. Was macht er nun mit der schönsten aller Perlen? Er hat sie nicht erworben, um damit Handel zu treiben. Er wird sie nicht wieder verkaufen. Er hat

sich für sie entschieden. Er hat die eine Perle gefunden, um derentwillen es sich zu leben lohnt.

»Glücklich«, sage ich, »wer diese Stunde der Be-
rufung erkennt und ihrem Ruf folgt. Glücklich,
wer einen lieben Menschen findet, der für ihn bestimmt ist. Für andere ist der Weg weit. Wie viele
Perlen müssen sie erst loslassen, die keine echten
Perlen waren? Äußere Besitztümer, Weggefährten
aus Kindheitstagen, vielleicht auch Freunde, vielleicht sogar die eigenen Kinder. Vor allen Dingen
aber müssen wir uns selbst freigeben, das Loslassen lernen, um die eine Perle zu empfangen.«

»War das eine Liebeserklärung?«, fragt Undine.
Am Abend finde ich ein Geschenk des Meeres auf
meinem Kopfkissen:

Mache dich auf
und suche die kostbare Perle.
Das ist dein Auftrag.
Du wirst sie finden.
Dann aber entscheide dich.

Blicke nicht zurück,
gib alles frei,
lass allen Zweifel los
und entscheide dich
für die eine.

Jetzt ist deine Seele
erleuchtet
und auf deinem Gesicht
ruht beseligender Glanz.

Meerjungfrauen

VON DER LIEBE

»Eine Muschel am Munde,
goldene Conca d'or –
die dich im Atem getragen:
da bist du: und alles ist gut …«

Gottfried Benn
Die Dänin

Muscheln, Möwen, Meerjungfrauen: Kleine Badenixen tummeln sich in den Wellen. Sie singen,
sie hüpfen, sie laufen am Strand um die Wette, sie
fassen sich zum Reigen an den Händen.

Die Sonne lacht. Es ist Mittagszeit. Nun haben
die großen Badenixen ausgeschlafen und kommen
schwer bepackt zum Strand. Rasch hat sich jede
eine Monoflosse aus Neopren über Beine und Hüfte
gezogen. Bald gleiten sie als Meerjungfrauen durch
die Fluten. In einiger Entfernung vom Strand ragt
ein Betonklotz aus dem Wasser. Ein alter Bunker,
der bei Ebbe leicht zugänglich ist. Nun dient er den
Meertöchtern als Lagerstatt. Hier sitzen sie und
winken. Doch zwei am Strand schlendernde Burschen schauen nur andächtig auf das Display.

Das kleine Museum am roten Leuchtturm ist
den Meerjungfrauen gewidmet. In den Sommer-
monaten finden hier Vorträge und Lesungen statt.
Auch werden Filme gezeigt, in denen Wasserfrau-

en die Hauptrolle spielen. Große und kleine Nixen können an einem Meerjungfrauen-Malkurs teilnehmen. Von Wind und Wellen geformte Bretter und Balken, die lange im Meer trieben und den Winter über an Land getrocknet wurden, werden mit Seejungfrauen bemalt. Einige sind im Eingangsbereich des Museums ausgestellt: Frauen mit langen Haaren, blauen Augen und einem Fischschwanz. Manche haben einen nackten Oberkörper, andere bedecken ihre Brüste mit kleinen oder großen Muscheln.

Sirene, Melusine, Nymphe, Rusalka, Lorelei: Ich sehe mir die Bilder von Meerjungfrauen an, blättere in Büchern und lese mich fest. Das Wesen der Meerjungfrauen wird mir dabei immer rätselhafter. Sie leben unter Wasser. Doch kommen sie zuweilen wie Seehunde an Land oder liegen auf einer Sandbank. Atmen sie also wie die Delfine und Walfische durch die Lunge? Meerjungfrauen sind schön und zierlich. Sie haben keine Fettreserven wie die Walrosse, die ich in der russischen Arktis sah. Meerjungfrauen müssen immer frieren. Sind sie deshalb so anhänglich und liebesdürftig?

Meerjungfrauen lieben den Gesang. Im Wasser treibend, können sie so verlockend singen, dass mancher Fischer den Verstand verliert und sich voller Sehnsucht ins Meer stürzt und dort ertrinkt. Einige sollen sogar über die Flüsse ins Landesinnere schwimmen. Dort setzen sie sich auf Felsen in der Nähe von Untiefen. Warum sehen die Meerjungfrauen so gerne den Schiffbrüchen zu? Verachten sie die menschliche Zivilisation? Verstehen sie sich als Umweltschützerinnen?

In der kleinen Bibliothek des Museums finde ich den Namen meiner Freundin auf einem Buchtitel wieder. Der Autor heißt Friedrich de la Motte Fouqué. Seine Liebesgeschichte, so lese ich auf dem Klappentext der kleinen Erzählung, spielt am Steinhuder Meer. Ich nehme das Büchlein und setze mich an einen der Tische im windgeschützten Innenhof. Ich schlage das Buch auf und lese:

»Du sollst wissen, mein süßer Liebling, dass es in den Elementen Wesen gibt, die fast aussehen, wie ihr, und sich doch nur selten vor euch blicken lassen. In den Flammen glitzern und spielen die wunderlichen Salamander, in der Erden tief hausen die dürren, tückischen Gnomen, durch die Wälder streifen die Waldleute, die der Luft angehören, und in den Seen und Strömen und Bächen lebt der Wassergeister ausgebreitetes Geschlecht. In klingenden Kristallgewölben, durch die der Himmel mit Sonn' und Sternen hereinsieht, wohnt's sich schön; hohe Korallenbäume mit blauen und roten Früchten leuchten in den Gärten; über reinlichen Meeressand wandelt man, und über schöne bunte Muscheln, und was die alte Welt des Schönen also besaß, dass die heutige nicht mehr sich daran zu freuen würdig ist, das überzogen die Fluten mit ihren heimlichen Silberschleiern, und unten prangen nun die edlen Denkmale, hoch und ernst, und anmutig betaut von liebenden Gewässern, das aus ihnen schöne Moosblumen und kränzende Schilfbündel hervorlockt. Die aber dorten wohnen, sind gar hold und lieblich anzuschauen, meist schöner, als die Menschen es sind. Manch einem Fischer ward es schon so gut, ein zartes Wasserweib zu belauschen, wie sie über die Fluten hervorstieg und sang. Der erzählte dann von ihrer Schöne weiter, und solche wundersamen Frauen werden von den Menschen Undinen genannt.«

An diese Stelle gelangt, höre ich plötzlich die vertraute Stimme an meinem Ohr. Sie flüstert:

»Du aber siehst jetzt wirklich eine Undine, lieber Freund.«

Undine hatte ein Bad in den Wellen genommen. Nun steht sie als Geschenk des Meeres in einen rosafarbenen Bademantel gehüllt vor mir. Ihr Gesicht ist so klar und so fein wie ein Rosenblatt. Ihre Augen sind so blau wie die tiefste See. Nur einen Fischschwanz sehe ich nicht. Undine küsst mich mit kaltem, feuchtem Kuss. Dabei berührt mich die kleine Kaurimuschel, die sie heute an einem Lederband um den Hals trägt.

Ob ich wisse, was ihr Name bedeute? Ich weiß es nicht. Ihr Name, sagt sie, bedeute »kleine Welle«. Dann erzählt sie von ihrer Kindheit: Einst habe sie mit ihren fünf Schwestern in einem wunderschönen Palast aus Algen und Muscheln gelebt. Doch Geburtsurkunden oder Muttertagsteller hingen nicht in ihrem Elternhaus. Ihr Vater sei ein berühmter Meereskönig. Er habe sie und ihre Schwestern mit Hilfe der Großmutter erzogen, denn ihre Mutter sei früh verstorben.

Draußen vor dem Schloss ihres Vaters, sagt Undine, sei ein großer Garten mit feuerroten und dunkelblauen Bäumen. Die Früchte strahlen wie Gold und die Blumen wie brennendes Feuer. Der

Sand des Meeres aber sei von blauer Farbe und hülle das ganze Schloss in wunderliches Blau. Sie sei ein sonderbares Mädchen gewesen, still, nachdenklich und voller Sehnsucht.

So sei sie nicht überrascht gewesen, als sie eines Tages die andere Welt entdeckte. Der Anlass sei folgender gewesen: Bei einem Schiffbruch sei ein wunderschöner Jüngling ins Meer gestürzt. Den habe sie gerettet und an Land gebracht. Von diesem Tag an sei sie von Sehnsucht nach wahrem Leben erfüllt gewesen. Sie verließ ihre Familie und zog in die Nähe ihres Prinzen. Doch ihre Liebe blieb unerfüllt. Sie habe sich unter den Menschen fremd gefühlt und sprachlos, so als sei ihre Zunge gelähmt. Sie habe sich den Bräuchen angepasst und versucht, die Erwartungen zu erfüllen. Auf Festen habe sie schöne Kleider getragen und lächelnd getanzt. Aber ihre Füße schmerzten wie von Nadelstichen. Der Gerettete erkannte nicht seine Retterin. Glaubte, einer anderen Frau das Leben zu verdanken und heiratete schließlich sie.

Undine erzählte dies ohne Bitterkeit. Nach der Hochzeit sei sie ins Meer zurückgekehrt. Sie fühlte sich damals wie aufgelöst, so als wäre sie Schaum auf dem Wellensaum, der bald an den Strand gespült und vom Winde verweht wird.

»Aber nun stehe ich hier, munter, fröhlich und beseelt!«, sagt Undine.

»Stimmt es, dass Meerjungfrauen sich verlieben, um eine Seele zu bekommen?«, frage ich.

So werde erzählt. Aber das sei nicht die Wahrheit. Denn die Liebe ist ohne Warum. Die Liebe beseelt. Liebe und Seele sind eins. Aber es gibt keine

Liebe ohne Leiden. Das habe sie erfahren, als ihr die Füße schmerzten, die Stimme versagte und sie sich als Schaum auf den Wellen auflösen wollte. Die Liebe sei ein unergründliches Geheimnis.

Eins aber habe sie vergessen zu erzählen. Der junge Schiffbrüchige, den sie gerettet und in den sie sich verliebt habe, sei nicht ihre erste Liebe gewesen. Diese habe sich in ganz früher Zeit, als sie noch ein Mädchen war, entzündet durch ein Bild, eine Marmorstatue, die wohl bei einem Schiffbruch verlorenging und auf den Meeresboden sank. Aus klarem, weißen Stein war ein herrlicher Knabe gehauen. Um diese Statue habe sie eine rosenrote Trauerweide gepflanzt. Ihre Zweige wuchsen über den Jüngling, als wollten sie ihn küssen.

Vielleicht sei dies ein Gesetz des Lebens und der Liebe, sagte Undine, dass wir von klein auf Bilder der Sehnsucht in uns tragen. Manchmal glauben wir in einem Menschen dieses wahre Bild der Liebe gefunden zu haben. Manchmal wünschen wir es uns so sehr, dass wir das Urbild mit dem Abbild verwechseln. Dann müsse die Liebe scheitern. Denn die beiden Menschen waren nicht wirklich füreinander bestimmt. Nach einer Trennung müsse man ans Meer fahren und sich in den Wellen wie Schaum auflösen und neu geboren werden.

Undine nahm die Kette mit der kleinen Muschel und legte sie um meinen Hals. Dann verschwand sie wortlos in ihrer Wohnung unter dem roten Leuchtturm.

Das Lied
von der Seele

ERINNERUNG

»Und meine Seele spannte
weit ihre Flügel aus,
flog durch die stillen Lande,
als flöge sie nach Haus.«

Joseph von Eichendorff

In flauschige Decken gehüllt, sitzen wir auf einer Bank und schauen, wie die rote Sonne im Reich der Meergeister versinkt. Undine entkorkt mit geübtem Griff eine Flasche Wein. Sie bemerkt meine Verwunderung über die Leichtigkeit ihres Tuns und meint, sich erklären zu müssen: Während ihres Studiums in Kopenhagen habe sie in Kneipen und einem Kulturzentrum gejobbt. Wir trinken den Wein aus alten Gläsern, die ich auf einem Flohmarkt entdeckt hatte. Schwer liegen sie in der Hand und leuchten in bläulichem Schimmer, wenn sie das Licht trifft.

»Ich habe dir vom Meer erzählt«, sagte Undine. »Nun, lieber Freund, wo die Nacht mit ihren dunklen Schwestern kommt, berichte du mir vom Licht!«

Ein Märchen vielleicht? Undine schaut mich an. Sie habe kein Märchen erzählt. Aber ich könne gerne eine Geschichte aus Tausendundeiner Nacht erzählen. So fange ich an: Im Reich des Lichtes lebte einst ein Königssohn. Der Prinz war noch jung und wohnte am Hof seiner Eltern. Um ihn herum strahlte alles im tausendfachen Glanz der Edelsteine. Er trug ein langes Kleid, das mit vielen Juwelen besetzt war. Der Königssohn kannte nichts außer seiner Heimat im Osten, bis ihm sein Vater eines Tages vom Reich der Finsternis am anderen Ende der Welt erzählte. Dort wohne die Schlange Uroborus. Ihren Körper habe sie zu einem Kreis gewunden. In ihrer Mitte liege eine wunderschöne Perle.

»Mache dich auf«, sagte der Vater, »befreie die Perle, erlöse sie aus der Gefangenschaft, und führe sie zurück in ihre Heimat!«

So legte der Sohn sein wunderschönes Gewand ab, damit er nicht als Bewohner des Lichtreiches erkannt werde, und machte sich auf den Weg in die Fremde. Zwei Führer begleiteten ihn bis an die Grenze des Reiches der Finsternis. Der Königssohn eilte zu der Höhle, in der die Schlange hauste und legte sich vor ihrem Eingang auf die Lauer. Hier wollte er warten, bis die Schlange eingeschlafen sei, um die kostbare Perle zu erlösen. Er wartete viele Tage und Monate. Die Bewohner des Landes der Finsternis beobachteten den Fremden genau. Wurde er gefragt, woher er käme und was er in ihrem Land suchte, erfand der Königssohn Ausreden. Er zog die landesübliche Tracht an, doch die Menschen im Land der Finsternis ließen sich nicht täuschen. Der Fremde blieb ihnen fremd. Im Laufe der Zeit passte sich der Königssohn immer mehr ihren Sitten an. Schließlich sah er nicht nur aus wie einer von ihnen, sondern aß auch ihre Nahrung, trank ihre Getränke, dachte wie die Kinder der Finsternis und fühlte wie sie.

Eine Tages hatte er seine Eltern vergessen. Die Erinnerung an seine Heimat war wie ausgelöscht. Er wusste nicht mehr, dass er ein Königssohn war. Er war wie alle Bewohner des Reiches der Finsternis und diente ihrem König. Seine Seele schien zu schlafen. Die innere Stimme war verstummt. Das Ohr des Herzens war taub geworden. Die große Nacht des Vergessens hatte Einzug gehalten. Er vergaß seine Herkunft und seinen Auftrag. Er wusste nicht mehr, wie er ins Land der Finsternis gekommen war. Er vergaß die Perle. Er vergaß sich selbst.

Doch eines Tages erwachte er aus dem Schlaf der Selbstvergessenheit. Und plötzlich war die Erinnerung wieder da. Ein Brief des Vaters hatte ihn erreicht. In ihm stand zu lesen: Friede! Steh auf, werde nüchtern vom Schlaf und höre die Wortes des Briefes. Gedenke, dass du ein Königskind bist. Du bist in Abhängigkeit geraten. Denke an dein goldbesticktes Kleid. Denke an die Perle, deretwegen du ins Reich der Finsternis gesandt worden bist.

Da erinnerte sich der Königssohn an seinen Auftrag und wusste wieder, dass er ein Königskind war. Mit Zaubersprüchen senkte er den Uroborus in den Schlaf und befreite aus seiner Mitte die schöne Perle. Und es war ihm, als hätte er damit sich selbst befreit. Das schmutzige Kleid zog er aus und ging auf das Licht der Heimat zu. Dort wurde ihm das Strahlenkleid gereicht. Auf ihm leuchteten die Goldfäden und die wertvollen Steine. Da erwachte die Liebe und erfüllte das Herz. Er nahm das Kleid in Empfang und zog es über sich.

»Das war das Märchen deines Lebens«, sagt Undine. Sie hat recht. Wer bin ich? Wo komme ich her?

Wo gehe ich hin? Manchmal vergesse ich das Fragen. Dann wird mein Leben gewöhnlich. Ich staune nicht mehr über den inneren Reichtum, ich verliere die Achtsamkeit vor dem Geheimnis. Manchmal brauche ich einen Menschen, der mir das erlösende Wort spricht: Erinnere dich, wer du wirklich bist. Finde dich nicht ab, bleibe nicht gewöhnlich. Wach auf aus dem Schlaf der Selbstvergessenheit. Erhebe dich von den Toten. Erinnere dich an das Licht in dir.

»In jeder Lebensphase haben wir die Chance, den inneren Reichtum unserer Seele neu zu entdecken«, sagt Undine. »Dann strömen uns neue Antworten zu.«

Wer war ich?
Ein Kind voll innerem Reichtum,
Lebenslust und Heiterkeit.
Wer bin ich geworden?
Eine Perle ohne Glanz,
gefangen in den Banden des Alltags.
Wo war ich?
Im Licht.
Wohinein bin ich geworfen?
In die Dunkelheit.
Wohin eile ich?
Immer nach Hause.
Wovon bin ich befreit?
Vom Schlaf der Selbstvergessenheit.
Was ist Geburt?
Eintauchen in das Wunder des Lebens.
Was Auferstehung?
Rückkehr in das Geheimnis.

Beflügelt

VOM WUNDER DER BEGEGNUNG

»In wie viel Not
hat nicht der gnädige Gott
über dir Flügel gebreitet!«

Joachim Neander

Wie die Eltern mit mir, so fuhr ich später mit meinen Kindern regelmäßig ans Meer. Ring of Kerry, Connemara, die Bretagne, Cornwall, die Algarve, Holland und Jütland. Einen Sommer verbrachten wir auf Bornholm. Mich zog es auf diese Insel, weil einer meiner Lieblingsautoren hier gelebt hatte. Hanns Henny Jahnn schrieb auf Bornholm an seinem Roman »Fluss ohne Ufer«. Edzard Schaper arbeitete auf der winzigen Insel Christiansø an seinem Roman über Georg Friedrich Händel.

Beflügelnde Tage am Strand. Die Kinder graben mit bloßen Händen im Sand. Jaakob erhebt sich und läuft auf mich zu. In der Hand hält er eine kleine weiße Muschel mit dünner langgezogener Schale. Ein Engelsflügel. Engelsflügel sind weiß, zart und zerbrechlich. In einem mit Wasser gefüllten Eimer reinige ich die Muschel vom Sand. Sie gleicht wirklich den Schwingen eines Engels.

Alles Lebendige braucht Orte der Zuflucht. Gut, wenn Vater und Mutter, Freund und Nachbar erreichbar sind. Aber der Mensch lebt nicht nur von der Erde, er weiß auch von der unsichtbaren Welt. Aus ihr kommen die Engel. Von der Geburt bis zum letzten Atemzug sind sie der Seele zur Seite gestellt. Wir leben unter ihren Flügeln geborgen – auch wenn wir es nicht immer spüren. Die Stimme des Gewissens, der treue Blick des Tieres, die unverhoffte Begegnung, Momente der Freude, der neue Blick auf längst Vertrautes, in uns, über uns und neben uns erklingt das Wort des Engels:

Lausche dem Flügelschlag.
Spüre ihm nach.
Erinnere dich an deine Kindheit,
an Weggefährten,
an große und kleine Liebeserfahrungen.

In ihnen leuchtete
die Spur deines Seelenbegleiters auf.

In wie viel Not
hat er nicht über dir Flügel gebreitet!

Geschenkte Zeit am Meer. Wieder Kind sein. Dem Engel die Hand reichen. Das Wunder geschehen lassen. »Haben Meerjungfrauen einen Engel?«, frage ich Undine. Sie überlegt keinen Moment und antwortet: »Wie sollten wir uns ohne unsere Schutzengel gefunden haben?«

Schiffbruch

MÖWEN ÜBER DEM MEER

»Die Fenster gehen alle
hinaus auf die wilde See;
noch sind sie nicht verschlossen,
eine Möwe kommt geschossen
durch das, an dem ich steh.«

Friedrich Hebbel
Das Haus am Meer

Die Westküste gilt als gefährlich. Viele Seefahrer
haben hier Schiffbruch erlitten. An Heiligabend des
Jahres 1811 sanken zwei Schiffe der Royal Navy mit
1400 Mann Besatzung. Ihr Schicksal berührte die
Möwen nicht. Mit unerschütterlicher Ruhe blieben
sie Zuschauer der Tragödie. Auch der Plünderung
des Strandgutes schauten sie mit Gelassenheit zu.
Dann setzte der Strandvogt dem Treiben ein Ende.
Was die Küstenbewohner liegen ließen, ist heute im
Strandungsmuseum St. George zu sehen.

Möwen sind Philosophen. Sie halten sich das Leben auf Abstand. Ihr Ideal ist die Abgrenzung des
Eigenen vom Schicksal der Anderen. Eine Gruppe
von Schülern aus der nahe gelegenen Stadt besucht
heute das Strandungsmuseum. Möwen kreisen
kreischend über der Unglücksstätte und stoßen
gellende Schreie aus. Sie wissen nicht, dass sie auf
Schüler aus Syrien hinabschauen. Mit ihren Eltern

sind sie über das Meer nach Europa gekommen. Einige Mädchen tragen den Hidschab. Eine lange Warteschlange bildet sich vor der Kasse. Zurückgekehrt in ihre Schule werden sie vielleicht Berichte über den Ausflug schreiben müssen. Ich würde sie alle lesen.

»Schiffbruch mit Zuschauer« so hieß eine Vorlesung meines Lehrers Hans Blumenberg, die ich mit angehaltenem Atem verfolgte. Denn es ging um die Kunst des Überlebens. Heute bin ich Zuschauer der zuschauenden Möwen. Ich sitze am Eingang des Fjords auf einer Bank. Vor mir befindet sich das Denkmal einer Meerjungfrau. Sie richtet ihren Blick in den Himmel. Ich folge ihrem Vorbild und lasse meine Gedanken schweifen.

Ein Schiffsfriedhof am Ende der Welt: Hier war ich einmal vor langer Zeit. Wieder steige ich durch eine Trümmerwüste. Aufgeplatzte Leitungsrohre, verlassene Häuser, verrostete Kettenfahrzeuge, tonnenweise Schrott, dazwischen Hinweisschilder auf radioaktive Strahlung. Am schwarzen Sandstrand der Karasee liegen ausgediente Atom-U-Boote. Möwen lungern auf ihnen herum. Noch verpackte Gerätschaften beginnen am Wegesrand zu verwittern. Eine Lieferung von Heizkörpern liegt vor den Häusern als Fußabtreter. Bald wird der Winter wiederkehren und die Landschaft mit einem Panzer aus Eis und Schnee überdecken.

Nasskalter Wind fährt durch das nebelverhangene Militärlager am Kap Tscheljuskin. In gefütterten Gummistiefeln wate ich durch den eisigen Schlamm. Ein Schild mit dem Hinweis auf Rauchverbot. Bei Zuwiderhandlung erfolgt für zwei Monate Entzug der Zuckerration. Aus der Nebelwand taucht ein Polarhund auf. In der Schnauze hält er einen Knochen. Sofort verbeißen sich sieben Hunde ineinander. Mit groben Fußtritten versucht sie der Tankwart auseinanderzutreiben. Fünf Eisbären seien im Gelände gesichtet worden, sagt er. Eisbären kennen keine natürlichen Feinde. Sie gelten als unberechenbar und extrem schnell.

»When you have seen them, you are dead!«, höre ich eine Stimme.

»Wenn du einen Eisbären siehst, fängt das Leben erst richtig an!«, sagt lachend ein anderer Begleiter.

Zehn Stunden Flug mit dem Hubschrauber von Dickson über Kap Tscheljuskin in den arktischen Archipel. Aus zweihundert Metern Flughöhe gleitet der Blick über endlos scheinende Tundra-Weiten. Der oberflächlich aufgetaute Permafrostboden ist weich wie dichte Moospolster. Kilometerweit haben Kettenfahrzeuge Spuren in den Tundra-Boden gefressen. Das Leben ist empfindlich, und die kurzen Sommer schenken ihm nur wenig Blütezeit. Fünf Jahre dauert es, bis sich ein knospendes Blümchen entfaltet hat.

Alles Lebendige braucht Schutz. Die rostfarbene Flechte den Stein, das winzige Vergissmeinnicht die Grasnabe, der Eisbär die Schneehöhle, der Mensch den Hund und das Gespräch. Auch wir hocken dichtgedrängt zwischen den großen Benzintanks im Innenraum des MI8- Helikopters. Der Lärm der Rotorblätter ist ohrenbetäubend. Die technische Ausrüstung überaltert. Doch mit stoischer Ruhe gleitet der Blick des Funkers Sergej über die Tundra.

Sewernaja Semlja! Der Atem der Ewigkeit webt noch am Gewand der Schöpfung. Kein Grashalm, keine Moose zwischen den gewaltigen Brocken einer Geröllhalde. Nur schwarze Flechten mit grauen Rändern bilden die ersten Spuren des Lebens. Der Frost hat die Steine aufgesprengt und steinerne Blütenornamente gezeichnet. Im Unbelebten deuten sich bereits die Grundmuster des Lebens an. Übergänge verwischen. Tod und Leben fließen ineinander. Orangerot strahlende Flechten ernähren sich von Mineralien. Der Stein drängt ins Leben.

Mich ergriffen Faszination und Schrecken zugleich. Hätte ich nicht die Augen schließen müssen vor dem Geheimnis? Hier ist die Werkstatt des Lebens. Das fruchtbare Tohuwabohu. Jener Anfang, da Himmel und Erde erschaffen wurden, die Urzeit, da Wasser und Land getrennt wurden und das Leben zu keimen begann. Die Mitte der Schöpfung liegt nicht in der Vergangenheit eines erdgeschichtlichen Zeitalters. Sie ist ewige Gegenwart. Jetzt werden Licht und Dunkelheit getrennt, Wasser und Land, Sonne, Mond und Sterne, Algen und Amöben.

Urplötzlich erscheinen Möwen. Arktische Engel, nennt Sergej, der Funker, sie. Sergej trägt die Schwingen der Möwe als Tätowierung auf seinem Handrücken zwischen Daumen und Zeigefinger. Wenn der Helikopter ins Wasser stürze, sagt er, kämen Möwen und trügen unsere Seelen in den Himmel.

Ich sehe und staune: Himmel und Erde, Licht und Wasser fließen ineinander. Farben und Formen wechseln in Minutenschnelle. Türkisblau und grauschwarz bricht der Gletscher auf. Jahrtausende lang haben seine Eismassen das Land geknetet. Jetzt geben sie den fruchtbaren Lehm der Schöpfung frei, einen Erdenkloß, wartend auf den Odem Gottes. Selbst die Berge eilen ihrem Schöpfer entgegen. In braunroten, ockergelben und lindgrünen Linien strömen sie den Canyon hinab. Die Rücken gezeichnet von den Spuren des Walkens und Knetens. Kein Polarfuchs und kein Lemming, kein Vogel in der Luft und kein Wurm im Boden. Stille und Schweigen. Nur rostfarbenes Wasser fließt murmelnd über rosige Gipsplatten in die Tiefe der Schluchten. Wer hier stehenbliebe, versänke im Urschlamm. Eine Schöpfung in Bewegung, eine Welt im Werden, nicht zum Verweilen einladend.

Ich sehe und staune. Bären- und Walrossknochen liegen verstreut. Zwischen den letzten Balken eines verfallenen Hauses brüten Möwen. Ich sehe zwei Holzhäuser inmitten des Eismeeres auf einem Gletscher. Ein moosiger Eisbärenschädel liegt zwischen alten Zeitungen und leeren Flaschen. Lebensmittelreste in der Vorratskammer. Wäsche an der Leine und ein Feuerlöscher an der Wand. Mit weißem Pinselstrich sind die Umrisse einer Meerjungfrau an die Eingangstür gemalt. Eine dicke Eisschicht überzieht den Fußboden des Hauses der kleinen Seejungfrau. Über dem Hauptgebäude sind noch die Funkdrähte gespannt. Doch kein Mensch sendet aus diesem Eiland Botschaften, und auch die große Antenne empfängt keine Signale mehr. Auf ihren Drähten spielt der Polarwind das Lied von Nacht und Eis.

Einst wird ewiges Schweigen herrschen. Die Welt, die kommen wird. Erst werden die Polkappen schmelzen, und ihre Wasser werden die Kontinente überfluten. Dann wird langsam und unmerklich die Wärme der Sonne abnehmen. Tausende, Hunderttausende, Millionen von Jahren entschwinden, Eiszeiten kommen und gehen, und die Wärme wird immer mehr abnehmen. Treibende Eismassen dringen in südliche Breiten, bis endlich alle Ozeane der Erde ein einziges Meer sind. Das Leben ist von der Erdoberfläche verschwunden und nur noch in den Tiefen des Ozeans zu finden. Es gibt keine Zuschauer mehr, Menschen nicht und Möwen nicht.

Ich erwache aus meinen Tagträumen. Wie wohltuend ist die Rückkehr zum roten Leuchtturm und dem kleinen *Café Hygge*! Von der Steilküste blicke ich hinunter auf das Meer. Heute liegt es in großer Stille und unbewegt wie ein See vor mir. Ich notiere in mein Büchlein:

Wenn du nicht mehr bist,
wird die Muschel noch sein.
Von allem, was du geschaffen hast,
ist nichts geblieben.
Kein Buch, kein Foto, kein Film.
Doch die Muschel bildet noch immer
wunderbare Muster auf ihren Schalen.
Sie lebt im Geheimnis,
wenn du nicht mehr bist.
Was sorgst du dich also?

Möwenpredigt

ÜBER DEN SCHMERZ

»Seele des Menschen
Wie gleichst du dem Wasser!
Schicksal des Menschen,
Wie gleichst du dem Wind!«

Johann Wolfgang von Goethe
Gesang der Geister über den Wassern

Sonntag. Die große Stille. Ein zarter Wind weht über Felder und Dünen zum roten Leuchtturm. Er sendet Glockenklang zu mir. Ich schaue über die Schafweide zur Kirche. Die Pastorin steht vor dem Gotteshaus und wartet auf Besucher. Ein Geländewagen hält. Menschen steigen aus. Dann springen zwei große Hunde aus der geöffneten Heckklappe und heben ihr Bein gegen die Kirchhofsmauer aus Feldsteinen.

In alter Zeit diente der Kirchturm als Seezeichen. Heute wird er zur Orientierung nicht mehr gebraucht. Höher ragen die Kathedralen der Windräder in den Himmel. Ich denke an die versandete Kirche im äußersten Norden Jütlands. Einst besuchte ich sie mit dem Vater. Schon lange wurde hier kein Gottesdienst mehr gefeiert.

Plötzlich schwebt ein Schwarm Möwen über mir und erhebt ein großes Geschrei. In diesem Moment empfinde ich ihren Ruf als Missklang und klatsche laut in die Hände. Ich weiß, mein Verhalten ist lächerlich und deshalb lachen die Möwen wohl auch über mich. Undine ahmt ihre Stimmen nach.

»Gab es nicht einen Mann, der den Möwen eine Predigt hielt?«, fragt sie.

»Ja, gewiss«, entgegne ich. »Er hieß Franz, wie mein Großvater.«

Ob Franz von Assisi den Möwen gepredigt hat, ist nicht überliefert. Die Legende spricht nur allgemein von Vögeln. Vielleicht waren Möwen unter ihnen, denn sie fliegen zuweilen die Flüsse hinauf weit ins Land. Die Vögel hörten dem Mann aus Assisi zu. Nach der Predigt erhob sich der Schwarm in die Lüfte und bildete dabei die Form eines Kreuzes.

Ich schaue empor zu den Möwen. Möwen muss man mögen. Achtlos beschmutzen sie frisch gewaschene Handtücher und Tischdecken, die auf der Leine zum Trocknen hängen. Unter Fischern haben sie den Ruf von Seeräubern. Im Sturzflug entern sie den Fischkutter und tragen die schönste Beute zwischen ihren gelben Schnäbeln fort. Selbstbewusst stolzieren sie am Strand, als wären sie die Könige des Meeres. Oma Selma warnte uns vor dem Blick in die Augen der Möwen. Möwen seien wie das wandernde Volk und fackelten nicht lange, wenn sie ihre Ehre verletzt glauben. Ihr Schnabel sei scharf wie ein Messer.

»Mach doch das Kreuzzeichen«, sagt Undine lachend, »und entspanne dich!«

Ich nehme meinen Füllfederhalter und meinen Bleistift, überkreuze sie und halte sie gegen den Schwarm. Gellendes Lachen der Möwen ist die Folge. Ich fühle mich verhöhnt, aber ich bin nicht gemeint. Später erkenne ich den Grund: Ein Fischer hat auf dem Parkplatz vor dem Leuchtturm seinen Stand aufgebaut.

Der Mann, der den Vögeln eine Predigt hielt, gilt Papst Franziskus als großes Vorbild. Ein Umweltschützer, ein Mensch des Dialoges, ein Mann der Versöhnung. Ich bin an diesem Morgen auf Franz nicht gut zu sprechen. Für mich ist er ein verwöhnter Sohn reicher Eltern, der eines Tages wie aus heiterem Himmel seinem Vater die Brocken vor die Füße wirft und ihm für immer den Rücken kehrt.

Es gibt Zeiten, da ist der reine Ton nicht zu hören. Disharmonie herrscht. Wie Glockenklang und Möwengeschrei durchdringen sich zwei Energien. Vor Jahren fuhr ich nach Assisi, um den reinen Klang wieder zu hören. Meine Reise begann in München an einem sonnigen Herbsttag. Ein amerikanischer Geistlicher hatte Pater Franz und mich eingeladen, im Konvent der Brüder von Santa Maria degli Angeli zu wohnen. Auf dem Brenner reichte mir mein Freund einen Rosenkranz. Er war ein Geschenk des Papstes an den Erzbischof von Papua-Neuguinea, der ihn wiederum meinem Freund überreicht hatte. Ich besaß keine Übung im Beten des Rosenkranzes. Das sollte nun anders werden. Es war abgemacht, dass wir als Pilger nach Assisi fahren sollten. Zu einer echten Pilgerreise aber gehöre das Gebet, sagte Franz, und er fragte mich nach einem Gebetsanliegen. Ich war mit diesem Brauch nicht vertraut, musste aber nicht lange überlegen. Mein Vater war schwer erkrankt. Die Ärzte gaben ihm wenig Chancen, das kommende Frühjahr zu erleben.

Pater Rodrigo führte uns durch die Klosteranlage. Im Klostergarten bückte ich mich nach einem dicken Pinienzapfen. Dann fiel mein Blick auf den Bergesrücken. Hier liegt Assisi. Franz hatte viele Orte bereist, doch das Zentrum seiner Bewegung errichtete er direkt unterhalb seiner Vaterstadt, so dass es die Bürger und sein Vater jederzeit vor Augen hatten.

Was mochte der Vater gedacht haben, als er von hier oben auf das Werk seines Sohnes blickte? Hatte er die Renovierungsarbeiten an der Kirche als Provokation verstanden? War er noch wütend auf sein Kind, das sich in aller Öffentlichkeit von ihm losgesagt hatte? Franz hatte den inneren Reichtum in seiner Seele entdeckt und sich ohne Rücksicht auf die Gefühle des Vaters durchgesetzt. Wer hat je die schlaflosen Nächte Pietro di Bernardones beschrieben? Wer kennt die Verzweiflung, die Selbstvorwürfe, die Trauer in seiner Seele? Wer spricht von den Konflikten zwischen den Eltern und Geschwistern daheim, als der Älteste in dieser provokanten Weise das Vaterhaus für immer verlassen hatte?

Franz ist kein verlorener Sohn. Verlorene Söhne suchen irgendwann die Versöhnung. Franz kehrt nicht ins Vaterhaus zurück.

Staunen und Entsetzen über den inneren Reichtum liegen manchmal sehr nahe beieinander. Geheimnisvoll wie die Muschel ist auch der Ruf aus der Tiefe des Herzens. Vielleicht verstehen wir ihn selbst nicht. Wir wissen nur, wir müssen ihm gehorchen und seinem Willen folgen. Wir müssen gehen, wohin er uns führt.

Ich kehrte von meiner Pilgerreise zurück. Der Vater wurde nicht gesund.

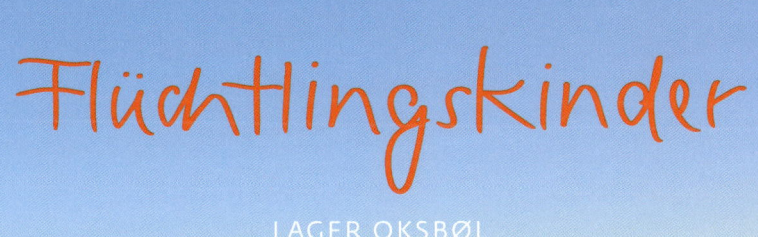

Flüchtlingskinder

LAGER OKSBØL

»Flüchtlingsschiffe waren ihre Wiegen.
Sie trugen schwer in sich der Mutter Tränen ...

Agnes Miegel
O Erde Dänemarks

Ich habe noch nie einen Herzstein gefunden. Millionen Kieselsteine pflastern den Weg zum roten Leuchtturm. Sie sind ein preiswerter Baustoff, denn Kiesel liegen in allen Größen und Formen am Strand. Unerschöpflich scheint ihre Menge, und jede Welle legt neue bunte Kiesel frei. Getrocknet verlieren sie ihren farbigen Glanz und wirken unscheinbar. Doch ihre Form bewahren sie. Deshalb sammelt Undine neben Kuhsteinen auch Herzsteine. So nennt sie die Kiesel in Herzform, für die sie ein Auge hat.

Heute entdecke ich am Strand einen Stein aus Beton. Das Meer hat ihn im Laufe der Zeit rund geschliffen. Geschmeidig liegt er in meiner Hand. Undine kennt seine Herkunft. Er stammt von einem jener Bunker, die zwischen den Dünen aus Zement und Kieselsteinen errichtet worden sind. Viele stehen noch, einige sind im Laufe der Jahrzehnte vom Meer verschlungen und zersetzt worden. An manchen Stellen werden die Badenden durch gelbe Andreas-Kreuze vor den Überresten der Bunker ge-

warnt. Bei Ebbe sind sie sichtbar. Bei Flut liegen sie wie lauernde Haifische unter Wasser.

Im Schatten eines Bunkers am Strand haben Badegäste ihr Lager errichtet. Auf dem Beton liegen Handtücher zum Trocknen aus. Bunker ducken sich auch in den Dünen. Wo einst Soldaten in Stellung gegangen sind, spielen nun Kinder Verstecken. Die Bunker sind mit bunten Graffiti besprüht. In ihren Gängen treffen sich die Liebenden. Künstler haben einige Bunker am Strand in Fabelwesen verwandelt. Am 9. April 1940, erzählt Undine, marschierte die Wehrmacht in Dänemark ein und ließ aus Kies, Sand, Muscheln und Zement eine Bunkerwelt errichten. Heute haben Erlebnispädagogen den alten Tirpitz-Bunker in ein Panorama eingebunden: Leben in der Eiszeit, Schmugglerwesen, Bernsteinfunde, Atlantikwall, Soldaten und Zivilisten, Minenräumung.

Undine fragt, ob ich Kaj Munk kenne. Sie erzählt mir von dem Schriftsteller und Märtyrer. Wir besuchen sein Grab auf dem Friedhof von Vedersø und das Pfarrhaus, in dem er gewirkt hat. Dann fahren wir weiter in Richtung Süden. Unterwegs sehen wir einen Campingplatz. Direkt daneben findet sich in mehreren Sprachen der Hinweis auf ein Antiquariat. 50 000 deutsche Bücher lese ich an der Eingangstür, sind hier in Regalen aufgestellt. Neben Büchern des Widerstandskämpfers Kaj Munk entdecke ich ein »Liederbuch für die deutschen Flüchtlinge in Dänemark«.

Von deutschen Flüchtlingen in Dänemark habe ich noch nie etwas gehört. Die Antiquarin klärt mich auf: Es waren Flüchtlinge und Vertriebene aus dem Osten: Memelland, Ost- und Westpreußen, Danzig, Pommern. Wagen an Wagen flohen sie über Land. Eine Viertel Million wurde über die Ostsee evakuiert. Das sei die größte Rettungsaktion in der Menschheitsgeschichte gewesen. Dann spricht sie vom Lager Oksbøl, wo die Überlebenden untergebracht worden waren. Für sie wurde das Liederbuch zusammengestellt. Ich blättere in dem grauen Heftchen und stoße auf ein Abendlied. Es ist mir seit früher Kindheit vertraut:

>»Guten Abend, gut' Nacht,
mit Rosen bedacht,
mit Näglein besteckt,
schlupf unter die Deck':
Morgen früh, wenn Gott will,
wirst du wieder geweckt.«

Die Antiquarin schenkt mir das Büchlein. Wenn ich wieder zu Hause bin, sagt sie, solle ich die Lieder studieren und dann ein neues »Liederbuch für die Flüchtlinge in Deutschland« herausgeben. Sie nennt es »Überlebensbuch«. Darin dürfen die Gedichte einer großen deutschen Dichterin nicht fehlen, die im Lager Oksbøl gelebt und geschrieben habe. Die Bücherfreundin zieht aus dem Regal ein blaues Leinenbändchen mit Gedichten. Auf dem Umschlag steht der Name der Dichterin: Agnes Miegel.

Auf dem Gelände des ehemaligen Lagers Oksbøl sind wir allein. Eine große Stille liegt über dem Gräberfeld. Kleine Kreuze aus Beton verzeichnen auf beiden Seiten die Namen der Verstorbenen. Undine und ich schweigen. Jeder schreitet auf seine Weise durch die langen Reihen. Zuweilen halte ich inne und lese einen Namen. Kinder, noch im Krieg gezeugt, mit der Mutter über das Meer geflohen, liegen nun in der Erde Dänemarks.

Peter Stradnisch
17.11.1944 – 27.03.1945

»Morgen früh, wenn Gott will, wirst du wieder geweckt«, haben vielleicht ihre Mütter gesungen. Wenn Gott will. Gott wollte nicht. Warum wollte Gott nicht? Wenige Kilometer östlich von Oksbøl liegen die beliebten Ferienorte der Westküste: Blåvand, Henne Strand, die Inseln Fanø und Rømø. Ich stelle mir vor, Peter Stradnisch würde heute mit seinen Enkelkindern an einem der Strände

Muscheln sammeln, ihnen Geschichten von kleinen Meerjungfrauen erzählen und die Möwen füttern. Das Meer des Lebens ist voller Rätsel.

Ich lege Muscheln auf die kleinen Grabkreuze. Später fahren wir schweigend zum roten Leuchtturm. Undine blättert in dem blauen Band der Agnes Miegel und verharrt bei einem Gedicht. Es entstand im Lager Oksbøl und trägt den Titel »O Erde Dänemarks«. Ein Requiem für die Kinder:

»Über der Heimat, die sie nie gekannt,
Stand Blut und Brand.
In kurzem Wiedersehens-Rausch gezeugt,
Getragen auf verschneiten Wanderwegen -
Ach, Not nur hat sich über sie gebeugt,
Hass sie verflucht. Es war ihr erstes Regen
Entsetzen bei dem Heulen der Sirenen,
Und Flüchtlingsschiffe waren ihre Wiegen.
Sie trugen schwer in sich der Mutter Tränen,
Sie wussten nicht, wie ruhig Kinder liegen
Im weißen Krippchen, sanft daheim umsorgt.
Dach, das sie schirmte, war wie Kleid geborgt.

O Erde Dänemarks, die Zuflucht uns geboten,
Wir lassen Deinem Frieden unsere Toten.
Aus Deiner Hut kann nichts mehr sie vertreiben.
Wir müssen weiterwandern. Sie nur bleiben
Und gehn wie Kind vertrauend in Dich ein,
Und werden Staub von Deinem Staube sein!«

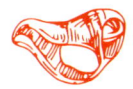

Vater und Mutter

VOM GEHEIMNIS

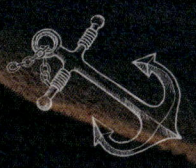

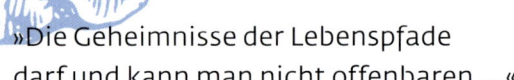

»Die Geheimnisse der Lebenspfade
darf und kann man nicht offenbaren …«

Johann Wolfgang von Goethe

Wie viel Zeit muss vergehen, bis das Kind den Vater
versteht! Jetzt denke ich oft an ihn. Mein Vater liebte
Überraschungen nicht. In den Tagen am Meer tritt
sein Bild spontan vor mich. Unruhe und Betriebsam-
keit sind von ihm abgefallen. Mir ist, als trete sein
Wesen in geläuterter Gestalt hervor. Ein Geschenk
des Meeres. Undine will alles über ihn erfahren. Was
ist der Grund? Undine sagt, sie wolle wissen, wie ich
werde. Ich halte ihre Antwort für einen Scherz. Gewiss will sie mich nach Undinenart necken.

Der Vater war geheimnisvoll wie die Muscheln,
die er sammelte. Am Jadebusen kletterte er mit mir
auf einen hohen Muschelberg. Die Geschenke des
Meeres lagen hier aufgeschüttet, um verarbeitet zu
werden. Der Vater sammelte nicht systematisch.
Was Muscheln betrifft, war er wie Undine ein
Glückskind. Ihm stach sofort ins Auge, wonach andere ein Leben lang suchten. So entdeckte er unter
den Millionen Exemplaren eine Herzmuschel von
ungewöhnlicher Größe.

Das Herz des Vaters war ein Geheimnis. Aus
seinem Mund erfuhr ich nichts über die Kindheit

in Schlesien oder die Flucht in den Westen. Die Mutter dagegen teilte ihren inneren Reichtum mit mir. Sie sprach viel von der Kurischen Nehrung, einer Landzunge nördlich ihrer Heimatstadt Königsberg, die Ostsee und Haff teilte. In dem kleinen Fischerdorf Schwarzort hatte sie regelmäßig die Sommerferien verbracht. Und doch, so viel die Mutter von Kiefernwäldern, Dünen, Bernstein, Kurenkähnen und Elchen erzählte, so oft sie mit mir die alten Lieder sang, desto geheimnisvoller wurde jener ferne Landstrich.

Durch Vater und Mutter habe ich erfahren, dass Reden und Schweigen nur zwei Seiten eines Geheimnisses sind. Was aber ist ein Geheimnis? Ich schaue auf das Meer und notiere Redewendungen:

Geheimnis:
Keine Geheimnisse voreinander haben,
Geheimnisse anvertrauen,
Geheimnisse für sich behalten,
offene Geheimnisse,
das Geheimnis mit ins Grab nehmen,
in Geheimnisse einweihen,
Geheimnisse preisgeben,
Geheimnisse lüften,
süße Geheimnisse,
schreckliche Geheimnisse.

Geheimnisvoll:
voller Geheimnisse,
nicht zu durchschauen,
mysteriös,
unerklärlich.

Was ist ein Geheimnis? Ich spüre seine Gegenwart an meiner Reaktion. Die Begegnung mit einem Geheimnis bewegt mich. Sie trifft mein Innerstes. Sie erfüllt meine Seele mit Andacht, beruhigt mein Gemüt, schenkt mir einen Moment der Ruhe und Geborgenheit. Sie erschüttert mich, erweckt in mir ein Gefühl von Ehrfurcht, von Staunen und Bewunderung, manchmal auch von Grausen und Schauder. Im Geheimnis werden die Gegensätze aufgehoben. Geheimnisse lassen mich nicht kalt. Sie halten mich in Bewegung. Deshalb will ich sie mit Undine teilen. Ob im Wort oder Schweigen, darauf kommt es nicht an.

Geheimnisse brauchen ein Muschelhaus. Das griechische Wort für Geheimnis lautet *mysterion*. Im Lateinischen heißt es *mysterium*. Die alte Welt der Griechen und Römer kannte viele Mysterienkulte. Zu den bekanntesten zählt die Verehrung der Fruchtbarkeitsgöttin Demeter und ihrer Tochter Kore in Eleusis. In den eleusinischen Mysterien wurde das Geheimnis von Tod und Auferstehung gefeiert. Doch nicht jeder war zu den Feiern zugelassen. Um an den Mysterien teilzunehmen, musste man einen langen Pfad der Einweihung beschreiten. Geheimnisse wollen den inneren Reichtum vor unbefugten Blicken schützen. Geheimnisse wollen in Stille und Feier betrachtet, meditiert, gemalt, besungen und getanzt werden. Geheimnisse sind unergründlich. Deshalb halten sie uns in Bewegung. Ich schreibe einige Zeilen:

Du bist!
Nicht des Ohres Hören und des Auges Licht
Kann dich erreichen.

Kein Wie, Warum und Wo
Haftet an dir als Zeichen
Du bist!
Dein Geheimnis ist verborgen:
Wer mag es ergründen! So tief, so tief –
Wer kann es finden!

Im Geheimnis verschwimmen die Grenzen. Ich denke an Undine: Solange wir im Geheimnis bleiben, sind wir auf dem Weg zueinander. Dann können wir immer wieder neu vom geheimnisvollen inneren Reichtum ergriffen werden! Dann können wir einander nie gewöhnlich werden. Mit wie viel Achtsamkeit und Ehrfurcht werden wir miteinander umgehen!

Geheimnisvoll wie die Muschel ist das Lächeln.
Es steigt aus der Tiefe,
tritt ans Licht,
schenkt dir Zuversicht und sagt:
Komm heim.

Geheimnisvoll wie die Muschel ist die Stille.
Sie steigt aus der Mitte,
berührt dein Ohr,
wird Klang und singt:
Finde heim.

Geheimnisvoll wie die Muschel ist die Seele.
Aus der innersten Kammer
erklingt ihr Gesang
heimlich und vertraut:
Geh heim.

Meister der Versenkung

KONTEMPLATION

»Mein Herz ist der Muschel gleich,
die Perle: des Freundes Bild.
Ich passe nicht mehr in mich –
er füllt ganz das Herz mir aus.«

Dschelaladdin Rumi

Die Muschel ist ein Meister der Versenkung. Sie sitzt im Verborgenen an einem festen Ort. Ich versetze mich an ihre Stelle. Jetzt bin ich die Muschel. Bilder kommen und gehen: Schiffe, die den Hafen verlassen und in See stechen. Fröhliches Lachen der Kinder, die mit ihren Eltern glückliche Sommerurlaube verbringen. Die schwere Arbeit der Seeleute. Der Schrecken des Meeres. Tiefen und Untiefen. Der Schiffbruch. Die Überlebenden und die Toten. Ich klammere mich an kein Bild. Ich betrachte es und gebe es wieder frei. Die Schönheit der Algen und der Wasserpflanzen, die Seesterne und das Heer der Fische, bunte Kiesel und die Korallenriffe. Ruhig lauschend, schauend, still betrachtend sitze ich inmitten dieser Welt. Ich staune und bezeuge. Ich bin still, so still, dass ich höre, wie die Dinge reden. Ich höre das Wasser, die Pflanzen und die Steine. Ich sehe den Glanz der Sonne. Ich rieche den Duft des Meeres. Die Welt verwandelt sich mir in ein inneres Bild. In der Kontemplation spüre ich die Kraft der Perlenbildung. Ihre Energie wird mit Macht erfahrbar.

Muschelhäuser sind Kraftorte. In ihnen leuchtet die Tiefe des Seins auf. Eine andere Wirklichkeit wird erfahrbar. Die Erfahrung des Heiligen geschieht nur im Augenblick. Ich kann sie nicht festhalten. Sie wird nicht zu meinem Besitz. Doch kehre ich nicht mit leeren Händen in den Alltag zurück. Der Glanz der Perle leuchtet in meinem Herzen. Am heiligen Ort ist mir ein Licht aufgegangen. Ich fühle mich erleuchtet. Das Dunkle hat sich von meiner Seele gelöst. Ich fühle mich erlöst und wie neu geboren.

Die stille innere Betrachtung wird Kontemplation genannt. Kontemplation heißt Versenkung in den Ozean der Seele, Eintauchen in den Urgrund des Seins. In der Kontemplation übe ich das Sehen mit den inneren Augen und das Hören mit den inneren Ohren.

Es gibt viele Formen des Gebets und viele Gebetsgesten. Ich lege die geöffneten Hände aufeinander. So erscheint vor meinen Augen das Bild der geschlossenen Muschel. Sie umschließt ein Wunder, die unsichtbare Mitte, das Geheimnis meines Lebens. Im Gebet teile ich es mit:

Es rast in mir, ich kann nicht hören,
So viele Stimmen reden da:
Welche ist wichtig,
Welche ist nichtig?
Sage es mir!

Muschel
in meiner Hand

VOM SYMBOL

»O Hafis! kennt wohl der Pöbel
Großer Perlen Zahlwerk?
Gib die köstlichen Juwelen
Nur den Eingeweihten.«

Hafis von Schiraz

Am Strand lacht mich eine Muschel an. Ihre Farbe ist rosa. Beide Schalen haben sich erhalten und haften aneinander. Ich hebe das Geschenk des Meeres auf und halte es zum Trocknen in die Luft. Undine sagt, der Wind föhne die Muschel. Ich habe mich immer gefragt, wie Meerjungfrauen ihr Haar trocknen. Jetzt habe ich es beim Strandgang erfahren. Sie setzen ihre langen Haare den Winden aus.

Einen Föhn sollte man Nixen nicht überlassen. Heute Morgen hat Undine meinen kleinen Reiseföhn so stark traktiert, dass die Heizdrähte verglühten. Undine nimmt die vom Wind geföhnte Muschel. Vorsichtig trennt sie die beiden Hälften. Eine Muschelschale behält sie. Die andere überreicht sie mir.

Solange die Muschel am Strand liegt, ist sie eine unter den vielen tausend und abertausend Muscheln. Strandgänger gehen achtlos über sie hinweg. Wie oft übersehen wir, was auf eine Begegnung mit uns gewartet hat! Die Welt will von uns

entdeckt werden. Wenn wir innehalten, verweilen und uns bücken, dann schenkt sie uns ihr Geheimnis.

Als ich die Knie beuge und die eine Muschel unter den vielen aufhebe, verwandelt meine Zuwendung ihr Wesen in ein Geschenk. Durch Undines Hand wird das Geschenk zu einem Symbol. Nun rauschen in den Muschelschalen unsere Erinnerungen an warme Sommertage, Gespräche am Strand und Augenblicke der Zärtlichkeit.

Das Geheimnis der Muschel kann keine Wissenschaft ergründen. In ihm schwingt etwas Unsagbares und Unbegreifliches mit: das Wunder der Begegnung, ein Lächeln, eine Zuwendung, eine Liebeserklärung, ein Augenblick aus Ewigkeit, ein himmlisches Lächeln, ein Gefühl von Heimkommen und Heimat.

Symbole sind keine Zeichen. Zeichen sind eindeutig. Sie schenken uns Orientierung im Alltag: Verkehrszeichen oder mathematische Zeichen sind immer eindeutig. Wären sie es nicht, so käme Chaos auf. Auf dem Flughafen in Moskau, Peking oder Teheran schenken Piktogramme auch jenem Besucher Orientierung, der die fremden Schriftzeichen nicht lesen kann.

Das Symbol aber ist immer vieldeutig. Das Kreuz bezeichnet Leben und zugleich Tod, das Feuer wärmt und vernichtet, die Rose steht für Schönheit und Schmerz. Das Symbol ist die Sprache der Liebe. Es verweist aus der sinnlichen in eine geistliche Welt, vom Sichtbaren zum Unsichtbaren, aus der Immanenz in die Transzendenz. Symbole sind die Sprache des Unsagbaren. Sie können nicht erklärt werden. Sie wollen still betrachtet und meditiert werden. Symbole wollen erlebt, getanzt, gemalt und gestaltet werden.

Das Wort »Symbol« kommt aus der griechischen Sprache. *Symballein* bedeutet »zusammenfügen«. Symbole sind wie zwei Puzzleteile. Das *Symbolon* ist »das Zusammengefügte«. Ein Symbol war ursprünglich ein Erkennungszeichen, mit dem sich der Besitzer eindeutig ausweisen konnte. Seine Herstellung war einfach. Man nahm eine Tontafel, zerbrach sie in zwei Hälften und gab eine davon dem Freund, die andere behielt man im eigenen Besitz. Wollte der Freund eine Mitteilung schicken, so gab er dem Boten als Erkennungszeichen die zweite Hälfte der Tontafel mit.

In dem Grimmschen Märchen »Der Bärenhäuter« wird ein Ring zum Symbol. Der Bärenhäuter hat einen Pakt mit dem Teufel geschlossen. Sieben

Jahre darf er sich nicht waschen und nicht die Haare schneiden. Seine wahre Gestalt ist nicht mehr zu erkennen. Er sieht aus wie ein Untier. Dennoch findet er eine Frau, die ihn trotz seiner schrecklichen äußeren Erscheinung liebt. Beim Abschied nimmt er einen Ring, bricht ihn entzwei und schreibt seinen Namen in ihre Hälfte und ihren in die seine. Dann macht er sich wieder auf den Weg. Drei Jahre später kommt er gewaschen, rasiert und mit ordentlichem Haarschnitt zurück. Die Braut erkennt ihren Bräutigam erst wieder, als dieser ihr seine Hälfte des Ringes zeigt.

In einer erlösten Welt wird es keine Symbole mehr geben. Und auch unsere Seele wird zu ihrem Schutz kein Schneckenhaus mehr brauchen. Dann wird die nackte Wahrheit unseres Lebens sichtbar werden. Wir werden erkennen, wie wir jetzt schon erkannt sind.

Geburtstag am Meer

WER IST DIESE SCHWIMMERIN?

»Das Wasser rauscht', das Wasser schwoll,
Netzt' ihm den nackten Fuß;
Sein Herz wuchs ihm so sehnsuchtsvoll,
Wie bei der Liebsten Gruß.
Sie sprach zu ihm, sie sang zu ihm;
Da war's um ihn geschehn:
Halb zog sie ihn, halb sank er hin …«

Johann Wolfgang von Goethe
Der Fischer

Der Frühstückstisch ist reich gedeckt. Eine Kerze brennt. Blühendes Heidekraut schmückt die Tafel. Aus vielen kleinen Muscheln hat Undine einige Buchstaben gelegt: *Para siempre!* Die beiden Worte, sagt sie, bedeuten »Für immer!« oder »Für alle Ewigkeit!«

Meerjungfrauen seien immer treu. Wenn sie sich einem Mann geschenkt haben, bleiben sie in guten und in schlechten Tagen bei ihm. Raue See und hohen Wellengang sind sie gewohnt. Sie wissen, dass nach jedem Sturm wieder milde Tage kommen. Doch raue Worte und ungerechte Behandlung dulden sie nicht. In der Nähe des Wassers und besonders auf dem Meer müssen sie besonders sanft behandelt werden, denn sonst springen sie in ihr Element zurück und kommen nie wieder.

Ich nehme Undine in den Arm und bedanke mich für diese Gebrauchsanweisung. Sie findet meine Reaktion nicht lustig, und ich nehme sie rasch zurück.

Woher sie meinen Geburtstag kenne?, frage ich. Sie verrät mir ihr Geheimnis nicht. Meinen Geburtstag habe ich nie gerne gefeiert. Später habe ich mir angewöhnt, das Datum zu verschweigen, auch wenn es ein runder Geburtstag war. Heute freue ich mich über diesen Tag. Draußen über dem Meer lacht die Sonne. Die Pferde grasen munter auf den Weiden vor dem Leuchtturm. Den ganzen Sommer habe ich am Meer verbracht, Notizen gemacht und kleine Texte über die Geschenke des Meeres geschrieben. Doch nicht ein einziges Mal habe sie mich Baden gesehen, sagt Undine.

Sosehr ich das Meer und seine Geschenke liebe, so wenig mag ich das Bad in dem kühlen Wasser. Ich berufe mich auf Hans Christian Andersen, der das Meer mochte, aber lieber am Strand verweilte, als sich in die Wellen zu stürzen. Andersen, erinnert mich Undine, reiste immer mit einem Badezelt, um sich vor zu viel Wind und Sonne zu schützen. Gerne wolle sie auch mir ein schönes Zelt am Strand errichten.

Andersen hatte nicht weit vom roten Leuchtturm entfernt einen Sommer auf Nørre Vosborg verbracht. Dort habe ich sein großes Badezelt gesehen. Undines Geschenk ist eine Strandmuschel, die wie ein Zelt zu einem kleinen tragbaren Paket gefaltet werden kann. Sie überreicht mir die Strandmuschel mit einigen Versen, die sie mir für diesen Tag und die Zukunft aufgeschrieben hat:

Du bist deinen Weg gegangen
jetzt hast du dein Muschelhaus verlassen.
Der weiche Kern wird endlich sichtbar,
die nackte Wahrheit deines Lebens tritt hervor.
Jetzt brauchst du dich nicht mehr zu verstecken,
jetzt benötigst du keinen Panzer mehr,
du gehst ins Licht und bist frei.
Para siempre!

Undine hat ihre rosafarbene Badetasche mit der Aufschrift *Hello sunshine* bereits gepackt. Sie nimmt mich an die Hand und führt mich zum Wasser. Am Strand zieht sie ihr Kleid über den Kopf, legt es sorgfältig zusammen und bettet es unter die Badetasche. Ich will die Strandmuschel aufbauen, aber Undine lässt mir dazu keine Zeit.

Es gibt viele Wege zu einem Bad im Meer. Den schnellen Lauf in die Brandung, das zaghafte Eintauchen der Füße und Beine, die langsamen Schritte den Wellen entgegen. Auf den Weg kommt es nicht an, nur auf das Ziel.

»Komm, mi amor, das Meer ist bereit«, sagt Undine. Ich folge ihr nach.

BEGLEITET VON GUTEN MÄCHTEN

UWE WOLFF
**Das kleine Buch
vom Schutzengel**
Wie er dich durchs Leben leitet

144 Seiten | Hardcover,
vierfarbig mit Illustrationen
Mit Einstecktasche im Einband
und Engelplakat
zum Herausnehmen
ISBN 978-3-86917-530-0

Hat die Geduld meines Schutzengels Grenzen? Verlieben sich die Engel von Liebenden ineinander? Und welche Sprache spricht mein Schutzengel? Der Engelforscher Uwe Wolff stellt sich diesen Fragen – seine Antworten schenken verblüffende Einsichten und überraschende Perspektiven.

»Als der Engel dich zur Welt brachte, da legte er dir seinen Zeigefinger auf den Mund und sagte: ›Vergiss niemals die Erinnerung an das Paradies.‹ Der Finger des Engels hat auch in deinem Gesicht seine Spur hinterlassen. Jeder Mensch hat in der Mitte über der Oberlippe eine kleine, zarte Einbuchtung. Lege deinen Finger hinein und du wirst deinen Schutzengel spüren. Mit ihm bist du im Geheimnis verbunden.«

UWE WOLFF

Uwe Wolff, Dr. theol., geboren 1955, ist Privatdozent an
der Universität Hildesheim
und mehrfach ausgezeichne-
ter Publizist. Der bekannte
Engel-Kulturwissenschaftler
hat zwei Leidenschaften: den
Tango und das Meer. Sein
neues Buch entstand in einer
einjährigen Auszeit in Dänemark und Schweden.

Uwe Wolffs Vorfahren waren
Fischer in Schwarzort (Juodkrantė) auf der Kurischen
Nehrung. Die Liebe zum Meer führte Wolff ins Balti-
kum, an den Pazifik und den Indischen Ozean. Er reis-
te über den Atlantik nach Island und fuhr durch die
Inselwelt der russischen Arktis. Überall sammelt er
Muscheln, farbige Sande und andere Geschenke des
Meeres.

Das Meer ist für ihn ein Raum der Freiheit, eine Erinnerung an glückliche Tage mit den eigenen Kindern
an Nord- und Ostsee, ein Ort der Begegnung mit dem
Wesentlichen. Am Meer gleicht kein Tag dem anderen. Sonne, Wind, Wolken und Wasser befinden sich
im steten Wandel – wie das eigene Leben. Doch inmitten dieser Bewegung atmet das Herz durch und Ruhe
kehrt ein.

Mit Texten von:
Hans Christian Andersen (1805–1875): S. 12. Fariduddin Attar (1145–1220). S. 84. Gottfried Benn (1886–1956): S. 30, Auszug aus: Melancholie; S. 98, Auszug aus: Die Dänin, beide aus: Gottfried Benn, Sämtliche Gedichte. Klett-Cotta, Stuttgart 1998. Therese Chromik (* 1953): S. 5, aus: dies., Nordfriesische Impressionen. Gedichte und ihre Übertragung ins Friesische mit Fotos von Uwe Lorenzen © 2016 by Husum Druck- und Verlagsgesellschaft mbH u. Co. KG, Husum. Joseph von Eichendorff (1788–1857): S. 106. Theodor Fontane (1819–1898): S. 50. Johann Wolfgang von Goethe (1749–1832): S. 78, 124, 138, 154. Franz Grillparzer (1791–1872): S. 72. Friedrich Hebbel (1813–1863): S. 116. Heinrich Heine (1797–1856): S. 42. Agnes Miegel: S. 18, Auszug aus: Cranz; S. 130, 135, Auszug aus: O Erde Dänemarks, für beide © Deutsche Schillergesellschaft, Marbach am Neckar. Joachim Neander (1650–1680): S. 112. Rainer Maria Rilke (1875–1926): S. 36. Friedrich Rückert (1788–1866): S. 81. Dschelaladdin Rumi (1207–1273): S. 144. Hafis von Schiraz (1315–1390): S. 148. Angelus Silesius (1624–1677): S. 62. Erwin Strittmatter (1912–1994): S. 24, Auszug aus: ders., Grüner Juni. Eine Nachtigall-Geschichte. Aufbau-Verlag Berlin und Weimar, 1985 © Aufbau Verlag GmbH & Co. KG, Berlin 1985, 2008. Gerhard Tersteegen (1697–1769): S. 56, 92.

Mit Fotos von:
iStock / Raylipscombe (Umschlag, S. 39, 157), iStock / marilyna (Umschlag, S. 6/7, 8/9, 13, 15, 17, 18, 30, 32, 39, 43, 46, 56, 59, 73, 81, 85, 86, 88, 89, 98, 101, 112, 116, 121, 131, 139, 145, 150, 154, 155), iStock / Brinzal (Umschlag, S. 21, 45, 75, 89, 134), iStock / NataliaBarashkova (U4, S. 33, 70), Fotolia / Doc Rabe Media (Titel, S. 4/5, 21, 27, 37, 45, 53, 59, 89, 134), iStock / bjphotographs (Titel, S. 57, 89), Fotolia / ONYXprj (Titel, S. 9, 15, 20, 24, 27, 38, 39, 59, 64, 68, 75, 81, 89, 106, 124, 149, 151, 155), iStock / WorldWideImages (S. 5, 6, 9, 19, 25, 27, 31, 36, 51, 69, 103, 109, 134, 149, 151), Fotolia / Alexander Pokusay (S. 4/5, 79, 130), iStock / Mumemories (S. 6/7, 8/9, 33), Fotolia / bagira (S. 6/7, 12, 36, 42, 45, 56, 62, 92, 95, 98, 124, 132, 138, 148, 154), Fotolia / deisey (S. 8, 10, 18, 22, 30, 47, 50, 53, 59, 72, 76, 78, 84, 87, 95, 106, 112, 116, 121, 131, 144), iStock / BoValentino (S. 10/11), iStock / rococofoto (S. 16/17), iStock / real444 (S. 22/23), iStock / Jason Cordell (S. 28/29), iStock / galamoments (S. 34/35), iStock / Grafissimo (S. 40/41), iStock / oztasbc (S. 48/49), iStock / tzahlV (S. 54/55), iStock / Redphotographer (S. 60/61), iStock / lucamato (S. 64), iStock / kickimages (S. 66/67), iStock / andrej67 (S. 70/71), iStock / nemoris (S. 76/77), iStock / Westersoe (S. 82/83), iStock / AnnekeDeBlok (S. 90/91), Fotolia / ArTo (S. 96/97), iStock / Rike (S. 104/105), iStock / Neyya (S. 110/111), iStock / Zanskar (S. 114/115), iStock / PhotographerCW (S. 122/123), iStock / Thomas-Soellner (S. 128/129), Fotolia / ~ Bitter ~ (S. 134), iStock / RelaxFoto.de (S. 136/137), iStock / patronestaff (S. 142/143), iStock / wierdeau (S. 146/147), istock / tofumax (S. 152/153).

ISBN 978-3-86917-604-8
© 2018 Verlag am Eschbach,
ein Unternehmen der Verlagsgruppe Patmos
in der Schwabenverlag AG
Im Alten Rathaus/Hauptstraße 37
D-79427 Eschbach/Markgräflerland
Alle Rechte vorbehalten.

www.verlag-am-eschbach.de

Gestaltung, Satz und Repro: Angelika Kraut, Verlag am Eschbach
Schriftvorlagen: Ulli Wunsch, Wehr
Herstellung: CPI books GmbH, Leck

MIX
Papier aus verantwor-
tungsvollen Quellen
FSC® C083411

Dieser Baum steht für umweltschonende Ressourcenverwendung, individuelle Handarbeit und sorgfältige Herstellung.

Manufakt